학교에서는 가르치지 않는

7가지 무기

⁕ 일러두기

- 후생노동성, 내각부 등 일본 관공서 이름을 그대로 표기했습니다.
- 본문 중 유튜브 채널이나 영화, 전시회, 잡지는 〈〉로, 도서는 《》로 표기했습니다.
- 국내에 출간된 도서는 국내 출간 도서명으로, 출간되지 않은 도서는 원서명을 직역한 뒤 원제목을
  병기했습니다.
- 외래어표기법에 따라 작성하되 관용적으로 굳어진 이름은 그대로 표기했습니다.

학교에서는 가르치지 않는 7가지 무기

반드시 목표를 이루고픈 청소년들이
좌절을 극복한 비결

가바사와 시온 지음 | 최수영 옮김

다산에듀

✦ 차례

STEP 1 정비하기

첫 번째 무기 ✦ 정비력

운동으로 정비하기

식사로 정비하기

두 번째 무기 ✦ 회복탄력성

유연한 마음은 인생에 여러 갈래를 제시한다

친구는 꼭 필요할까?

과잉 관계 증후군

다섯 번째 무기 ✦ 독해력

검색하면 고민은 사라진다

독해력으로 모두 결정된다!

STEP 3 행동하기

여섯 번째 무기 ✦ 호기심

올바른 방향을 정해 나아가다

일곱 번째 무기 ✦ 아웃풋 능력

자기 성장을 이루는 최고의 방법

7가지 무기 사용 설명서

"미래가 불안해."

"나는 친구가 없어서 외로워."

"애들이 나를 싫어하면 어쩌지?"

"난 머리도 나빠서 성적이 오르지 않을 거야."

"학교는 재미없어. 가기 싫어."

"하루하루가 지겨워."

제가 운영하는 유튜브 채널에서 약 2만 명에게 다음 질문을 던졌습니다.

"사는 게 힘들다고 생각한 적 있나요?"

이에 약 87%의 청소년들이 '살기 힘들다'라고 응답했습니다. 과반수가 훌쩍 넘는 수치죠. 청소년뿐만 아니라 이 시대를 살아가는 대다수의 사람들이 살기 힘들다고 말합니다. 코로나19 종식, 저출생 고령화, 환율 변동과 물가 상승 등으로 불안한 경제, 끝나지 않을 것 같은 국제 분쟁과 전쟁, 지구온난화와 환경파괴……. 이렇듯 샘솟는 걱정과 끝없는 불안만이 가득한 미래를 우리는 어떻게 살아가야 할까요. 아마도 '이 불안을 해결할 수 없을까?', '진흙탕에서 빠져나가고 싶어', '어떤 가이드가 있었으면 좋겠어'라고 생각하는 친구들이 많을 것입니다.

『학교에서는 가르치지 않는 7가지 무기』는 삶이 힘들다고 느끼거나 미래가 불안해 고민하는 청소년들을 위해 쓰인 책입니다. 여러분의 괴로움과 고통을 해결하거나 조금이라도 덜어줄 수 있는 방법이 담겨 있으니 부디 삶을 살아가는 데 도움이 되기를 바랍니다.

삶이 힘들 때
7가지 무기가 있다면
극복할 수 있다

안녕하세요. 저는 30년 이상 경력의 정신건강의학과 의사 가바사와 시온이라고 합니다. 올해로 59세를 맞이했으며 작가로서 출판한 책은 이 책을 포함해 총 50권이 되었군요. 저는 2014년부터 유튜브 〈정신건강의학과 의사·가바사와 시온의 가바채널精神科医・樺沢紫苑の樺チャンネル〉에서 의학 정보를 소개하고 있습니다. 10년간 하루도 빠짐없이 영상을 올린 결과, 현재까지 공개된 동영상만 8천 편이 넘습니다. 일주일에 한 번은 유튜브 라이브 방송도 하고 있고요.

제 유튜브 구독자 수는 어느덧 60만 명을 넘었고, 매일 댓글을 통해 수많은 질문과 고민 상담이 이어집니다. 그렇게 한 달에는

1천 건, 1년에 1만 2천 건, 10년간 12만 건이 넘는 질문에 답하며 요즘 사람들이 어떤 일로 고민하고 괴로워하는지 잘 알게 되었습니다. 특히 최근, 그러니까 코로나19 이후 '10대들이 느끼는 고통'이 우리의 생각보다 더 심각하다는 것을 인지하고 있습니다.

◆◆

'잃어버린 3년'을 되찾는 방법

지금 10대를 보내고 있는 여러분이라면 누구나 코로나19로 '잃어버린 3년'을 겪었을 겁니다. 이후 정신 질환으로 병원을 찾거나 번아웃으로 회사를 휴직 또는 이직하는 사람들이 증가했고, 정신건강의학과 첫 진료를 받으려 3개월 이상 기다리는 일도 흔한 일이 되었습니다. 일본 의료기관을 대상으로 한 조사 결과에 따르면 코로나19 이후 20대 미만 중에서 '죽고 싶다'라고 호소하며 진료받는 사람이 평소보다 1.6배 늘었다고 합니다. 또한 등교를 거부하는 초·중학생은 29.9만 명(문부과학성 2023년 공표)으로 역대 최대치를 기록했습니다. 말 그대로 지금은 그 어느 때보다 '살기 힘든 시대'입니다. 어린이, 10대, 성인, 고령자 모두가 힘들어합니다.

이런 이유로 '이번 생은 망했어'라며 현재의 상황을 비관만 하고 계신가요? 부정적인 생각은 이쯤에서 멈추시길 바랍니다. 우리는 이 상황을 계기로 다시 도약할 수 있으니까요. 정신의학 분야에서는 어린 시절 겪은 힘들고 괴로운 경험을 일컬어 '아동기 부정적 경험Adverse Childhood Experiences, ACE'이라고 말합니다. 전문가들이 이 증상을 겪은 아이들이 나중에 어떻게 자랐는지 연구했더니, 크게 두 가지 패턴으로 나뉘었다고 합니다.

패턴 A		패턴 B
아동기 부정적 경험이 마음의 상처(트라우마)가 되어 계속해서 힘들게 지내는 사람	VS	아동기 부정적 경험을 '여기서 벗어나겠어!'라는 강렬한 동기(모티베이션)로 전환시켜 성공하는 사람

여러분이 마음먹은 생각과 행동에 따라 앞으로의 인생이 크게 달라집니다. 여러분은 둘 중 어떤 인생을 살고 싶나요?

✦✦

스무 살이 되기 전에 알았으면 좋았을 것들

'인생을 어떻게 살아야 할까요? 잘 사는 방법이 있나요?'

학교에서는 수많은 과목을 배우지만 정작 '살아가는 방법'을 가르쳐주는 과목은 없습니다. 하지만 지금의 10대에게 정말 필요한 지식은 영어 단어나 역사 연도가 아닌 '삶' 그 자체입니다. 저는 '친구를 만드는 방법', '친구와 사이좋게 지내는 방법', '매일 즐겁게 살아가는 방법' 등 학교에서는 절대 가르쳐주지 않는 '삶의 정답'을 발견하길 바라는 마음으로 이 책을 쓰게 되었습니다.

아! 책에서만큼은 한 살이라도 더 어릴 때 공부하라는 말은 하지 않을 테니 안심하세요.

대신 스무 살이 되기 전, 반드시 알아야 할 것과 행동해야 할 것을 7가지로 정리했습니다. 이 책에서 말하는 내용을 이해한다면 '인생의 방향'이 보일 겁니다. 책에서 제시한 방법을 행동으로 옮기면 여러분의 인생이 조금은 편안해지고 즐거워질 것이라 확신합니다. 그러니 부디 이 책을 도움이 필요하면 언제든 펴 볼 수 있는 '인생 교과서'로 활용하시길 바랍니다.

서른이어도 예순이어도 괜찮습니다. 책에서는 나이에 상관없이 누구나 원하는 것을 얻을 수 있으니까요. 하지만 이 책을 여러분이 스무 살이 되기 전에 읽었을 때 얻을 수 있는 효과는 10배 아니, 100배가 될 것이라고 확신합니다. 뇌 성장은 20대 전반이 되면 어느 정도 완성되어 버리기 때문이죠. 물론 두뇌는 나이를 먹어도 계속해서 성장하지만 10대일 때 두뇌가 성장하는 속도를 30, 40대와 비교하면 10배 이상 빠릅니다. 고속철도와 완행열차의 차이라고 생각하면 됩니다.

그러니 우리가 고속철도를 타고 있을 때 최대한 '꿈'과 '목표'에 가까워지는 편이 나중을 위해서라도 좋지 않을까요?

✦✦

인생의 성공법칙 3단계

인생을 살아가는 데 과연 정답이 있을까요? 궁금하신 분들이 많을 겁니다. 결론부터 말씀드리면 인생의 성공법칙은 단 12글자로 정리될 수 있습니다.

'정비하기, 연결하기, 행동하기'

이해가 쉽도록 이를 롤플레잉 게임Role-Playing Game, RPG에 빗대어 설명하겠습니다.

'잘 정비된 무기를 챙기고 파티원을 모아 모험을 떠나라!'

'드래곤 퀘스트'나 '파이널 판타지' 같은 게임을 해본 적이 있다면 그리 낯설지 않은 문장일 겁니다. 그래서 당연한 소리를 왜 하는 건지 이해가 되지 않을 수 있습니다. 좀 더 자세히 설명해 보겠습니다.

게임은 마을 무기고에서 철로 제작된 칼과 갑옷, 방패 등 최소한의 '장비를 챙기는' 것에서 시작합니다. 이후 술집에서 '파티원을 모집'합니다. 당신이 전사라면 회복 마법을 다루는 성직자나 공격 마법을 쓸 줄 아는 마법사가 필요합니다. 그와 동시에 술집에서는 다양한 정보도 모입니다. 던전(미궁)을 공략할 때 도움이 될 정보를 수집하는 일은 매우 중요한 과정입니다. 이렇게 무기를 챙기고 파티원을 다 모은 뒤에 마을 밖으로 나갑니다. 처음에는 약한 몬스터와 싸우며 경험치를 쌓고 돈을 모읍니다. 레벨업을 반복하는 과정에서 파티원이 늘어나고 무기도 강화되었다면 드디어 던전에 도전합니다. 던전 깊이 잠들어 있던 중간 보스와 대결한 후 배와 비행선을 타고 넓은 세계를 돌아다니면서 새로운 적과 더 강력해진 몬스터를 만나 대결합니다. 그리고 다시 레벨 업……. 이 과정을 반복하다가 '최종 보스'에게 도전합니다. 때로는 고민하거나 실패하는 등 시행착오를 겪기도 하지만 파티원과 함께 레벨을 올리며 퀘스트를 깨는 일은 자극적이면서도 즐겁습니다. 저도 푹 빠졌습니다.

사실 여러분의 학교생활과 그 뒤에 이어질 사회생활도 게임과 비슷합니다. '무기를 챙기고 파티원을 모아서 모험을 떠나라!'라는 이 게임 법칙을 그대로 삶에 적용할 수 있습니다. 하지만 현실에서는 무기나 방어구를 갖추지 않고 정보도 얻지 않은 채 혼자서 위험한 던전에 들어가려는 사람이 많습니다. 이 얼마나 무모한 행동인가요. 실제로 10대 중 80~90%는 기본적인 취급설명서를 무시한 채 장비도 일행도 정보도 없이 던전과 같은 학교에서 생활합니다. 당연히 잘 지낼 리가 없습니다. 앞으로 나아가지 못하겠죠. 어려움을 해결할 방법도 모른 채 일방적으로 지쳐갈 뿐이고, 학교생활이 즐거울 리도 없습니다.

✦✦

삶의 방식이 달라졌다!

다시 한번 말하지만, 인생의 성공법칙은 '정비하기, 연결하기, 행동하기'입니다. 이것이 전부라고 할 수 있습니다. 하지만 대부분은 이와 반대로 행동하곤 합니다.

인생의 성공법칙

「정비하기, 연결하기, 행동하기」

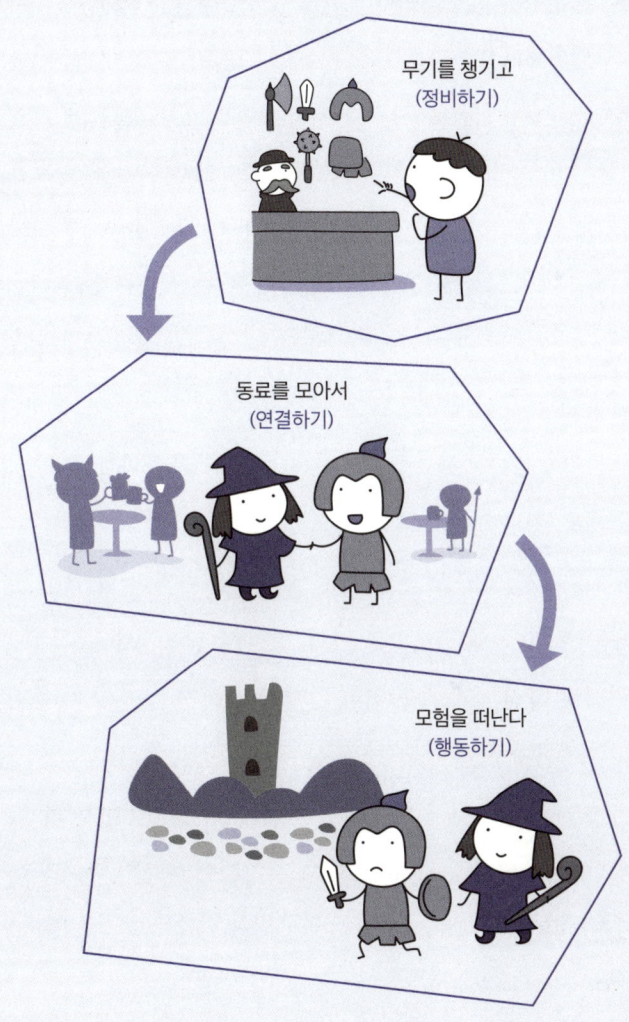

무기를 챙기고
(정비하기)

동료를 모아서
(연결하기)

모험을 떠난다
(행동하기)

🙁 수면 부족, 운동 부족, 스마트폰 중독으로 체력 관리가 전혀 안 되고 있다.

🧙 대화가 부족해 타인과의 연결 고리가 없고, 누구에게도 고민을 털어놓지 않는다.

🙁 새로운 도전은커녕 실패할까 두려워 행동하지 않는다.

여러분은 어떤가요? 위의 3가지 예시에 전부 해당하는 사람도 많을 겁니다. 그렇다면 우리는 '정비하기, 연결하기, 행동하기'를 실천하기 위해 무엇을 정비하고 누구랑 연결되어 어떻게 행동해야 할까요. 최근 챗GPT 같은 인공지능AI이 눈부시게 진화하는 중이니 향후 5년에서 10년 사이에 우리의 생활과 근무 방식은 눈에 띄게 달라질 겁니다.

지금 우리가 살고 있는 세계는 '테크놀로지의 진화'와 '코로나19'라는 충격을 연달아 받으면서 변화의 격동기에 봉착했습니다. 서점에 가면 청소년을 위한 인생 지침서가 많이 보이지만, 코로나19 이전에 쓰인 책은 더 이상 우리가 살아갈 세계에 적용하기 어렵습니다. 그런 의미에서 이 책은 '코로나19 이후'와 '인공지능 시대'에 완전히 대응한 최신 지침서이자 결정판이라고 할 수 있습니다.

지금부터 여러분에게 '정비하기, 연결하기, 행동하기'의 인생 성공법칙 3단계를 자세히 설명하고, '삶의 정답'을 찾기 위해 필요한 7가지 무기를 전수하겠습니다. 이 책은 10년 후 여러분이 사회에 나가 긍정적인 마음으로 즐겁게 일하고, 인간관계를 원활하게 유지하며 개인의 일상을 행복하게 이끌어가기 위한 기폭제가 될 겁니다.

자, 이제 모험을 떠나볼까요?

10대를 위한

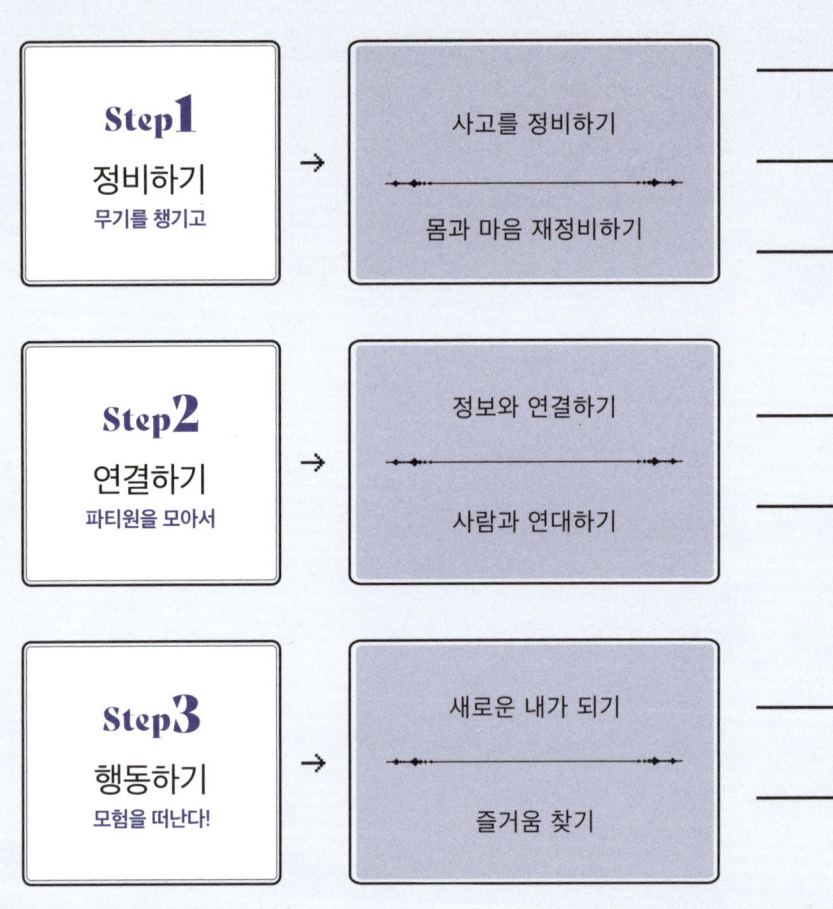

Step1
정비하기
무기를 챙기고
→
사고를 정비하기

몸과 마음 재정비하기

Step2
연결하기
파티원을 모아서
→
정보와 연결하기

사람과 연대하기

Step3
행동하기
모험을 떠난다!
→
새로운 내가 되기

즐거움 찾기

7가지 무기

무기 1	정비력		검 기본 장비
무기 2	회복탄력성		얇은 소드 민첩함
무기 3	제어력		궁 목표 설정

| 무기 4 | 대인관계력 | | 반지
연대 |
| 무기 5 | 독해력 | | 마법서
읽기 |

| 무기 6 | 호기심 | | 완드
보물 발견 |
| 무기 7 | 아웃풋 능력 | | 창
강력한 무기 |

STEP 1

정비하기

첫 번째 무기

정비력

기본 장비

고민의 근본적인 원인은 피로다

몸과 마음 돌보기부터 시작하라

당신에게 건넬 첫 번째 무기는 '정비력'입니다. 살다 보면 수차례 위기를 맞닥뜨리게 되는데 이에 따라 고민과 괴로움, 심지어 고통이 수반되기도 합니다. 이걸 해결하기 위해 가장 먼저 해야 할 일은 '체력을 기르는 일'입니다. 게임으로 치면 기본으로 장착하는 장비인 '검'이 연상되는데요. '체력'은 검처럼 고민을 해소하기 위해 필요한 가장 기초적이고 필수적인 능력입니다.

자세히 설명하기에 앞서, 먼저 몇 가지에 답해보시길 바랍니다. 질문 중 해당하는 곳에 체크하면 됩니다.

- ☐ 평균 수면 시간이 7시간 이하다.
- ☐ 놀거나 공부하기 위해 잠자는 시간을 줄일 때가 있다.
- ☐ 밤늦게까지 스마트폰을 보거나 게임을 한다.
- ☐ 스마트폰 사용 시간과 게임 이용 시간이 하루 4시간을 넘는다.
- ☐ 아침에 일어나기 힘들다. 더 자고 싶다.
- ☐ 휴일 아침에는 10시가 넘어서 일어난다.
- ☐ 매일 2시간 이상 앉아 있다.
- ☐ 땀이 흐를 정도의 운동을 정기적으로 하지 않는다.
- ☐ 아침식사를 거를 때가 많다.
- ☐ 다이어트를 하고 있거나 혹은 한 적이 있다.

10개 중에서 몇 개에 체크했나요? 3개 이상 체크했다면 몸도 마음도 지쳐 휘청이는 상태에 해당합니다. 5개 이상이면 이미 너덜너덜해진 상태겠죠. 그 원인은 '수면', '운동', '영양' 부족이라고 예상할 수 있고요. 네, 당신은 지금 피곤한 상태입니다. 자고 일어난 직후 머리가 멍하다거나 푹 자고 일어났음에도 개운하지 않고 '더 자고 싶다', '학교에 가기 싫다'라는 생각이 먼저 드나요? 이런 생각이 드는 이유는 바로 몸과 마음을 제대로 돌보지

　첫 번째 무기 ◆ 정비력

않았기 때문입니다. 즉 체력 정비가 제대로 되지 않은 상태라는 말이지요. 그럼 정비가 잘된 상태는 어떤 상태를 말하는 걸까요? 다음의 4가지 요소가 골고루 갖추어진 상태를 말합니다.

체력 증진의 4요소

8시간 이상 잠자기	밤새우지 않기
일주일에 2시간 이상 땀나는 운동하기	균형 잡힌 식사하기

몸과 마음의 체력만 잘 챙겨도 대부분의 고민은 사라집니다. 아침에 산뜻하게 눈이 떠지고, 일상에 활력이 생깁니다. 자연스럽게 오늘 하루를 잘 지내고 싶은 마음이 생기기도 한답니다.

✦✦
평소에 관리하는 사람은 단 15%다

몸과 마음 체력은 매일 관리해야 할까요? 제 유튜브에서 약 2만 명을 대상으로 '당신의 몸과 마음은 항상 준비된 상태인가요?'라는 질문에 '그렇다'라고 대답한 사람은 단 15%였습니다. 이 이야기는 85%의 사람들이 대체로 피로함과 컨디션 난조를 겪고 있다는 말이죠. 이 조사의 결과는 지금이 우리에게 절호의 기회가 될 수 있다는 이야기도 됩니다. 단순히 몸과 마음을 잘 관리하는 것만으로도 상위 15%에 들어갈 수 있다는 말이니까요!

당신의 몸과 마음은 항상 준비되어 있나요?

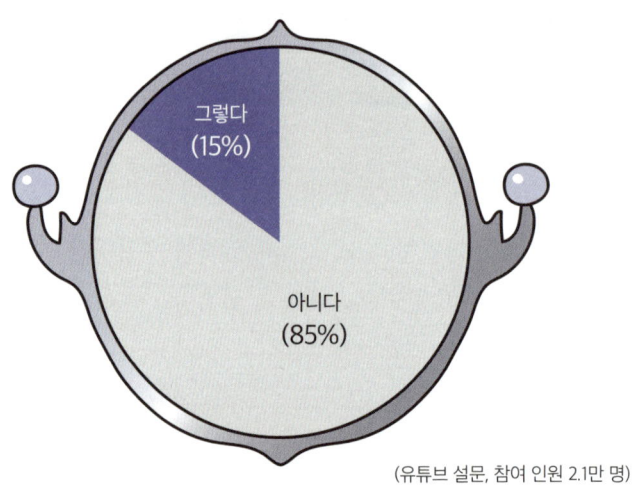

(유튜브 설문, 참여 인원 2.1만 명)

나는 아직 10대니까 체력 정도야 좀 무리해도 괜찮다고 생각할 수 있습니다. 그러나 평소 몸과 마음을 관리하는 습관을 들이지 않으면 이후에 발생하는 각종 고민과 고통의 원인으로 돌아옵니다. 게다가 몸과 마음을 돌보지 않은 상태가 이어지면 뇌 활동이 점점 둔해집니다. 집중력이 떨어지고, 공부할 마음이나 의욕도 사라지겠죠. 모든 일이 금방 지겨워지고 열심히 공부해도 성적은 오르지 않을 겁니다. 분명히 열심히 하는데 결과가 나오지 않으니 공부도, 학교 가는 것도 다 싫어질 거예요. 이 패턴은 한번 시작되면 끊어내기가 힘듭니다.

이 악순환의 고리를 끊어내지 못한 채 지속하게 되면 여러분의 감정에도 큰 영향을 줍니다. 매사에 짜증과 화를 내게 될 수 있고, 고민이 생기면 혼자 끙끙 앓다가 쉽게 위축되기도 합니다. 마음의 여유는 사라진 지 오래고 내일이 걱정됩니다. 친구나 부모님과의 관계가 틀어지는 경우도 많습니다. 부모님의 잔소리에 욱해서 소리를 지르거나 친구와의 잦은 다툼으로 거리가 생기고 외로움을 느끼게 되는 경우도 생길 겁니다. 그리고 다시 걱정하기 시작하겠죠. 당신도 혹시 이런 경험을 한 적이 있나요?

✦✦
마음의 여유는 스트레스도 날린다!

저는 그동안 등교를 거부하는 청소년, 발달 장애 등으로 힘들어하는 청소년 상담도 많이 해왔습니다. 이들에게는 한 가지 공통점이 있었는데요. 밤늦게까지 잠을 자지 않고, 스마트폰을 만지거나 게임을 한다는 것입니다. 이들 대부분의 신체 나이가 어린데도 불구하고 이미 만성 수면 부족 상태에 놓여 있었습니다.

"밤 10시 이후엔 절대 스마트폰을 만지지 않고, 매일 11시에 자서 아침 7시에 일어나는 규칙적인 생활을 해요. 그런데도 학교에는 못 가겠어요."

제가 30년 동안 의사로 재직하는 내내 이렇게 말한 학생은 단한 명도 없었습니다. 물론 등교를 거부하는 이유에는 '친구 관계', '집단 괴롭힘', '성적 부진', '동기부여 결여' 등 심리적인 요인도 작용할 수는 있습니다. 하지만 그렇지 않은 대부분의 학생들은 수면 부족으로 쌓인 피로감과 그로 인한 스트레스로 인해 등교를 거부하고 있었습니다. 학교에 가기를 거부하니 적응이 어렵고 또다시 스트레스가 쌓이게 되죠. 반대로 평소에 몸과 마음을 잘 관리한 학생들은 어떤 문제가 생기더라도 유연하게 넘길 수 있었습니다. '마음의 여유'가 있는 사람은 사소한 일에 크게 신경 쓰지 않습니다.

이 '마음의 여유'는 게임에서 기본 장비로 주어지는 '방패'와 같습니다. 강한 몬스터(스트레스)를 만났을 때 타격을 반으로 줄일 수 있는 방패를 가지고 있다면 어떻게 될까요? 좀 더 여유를 갖고 공격하거나 방어할 수 있겠죠. 반대로 방패도 없이 몬스터와 싸운다고 상상하면……. 순식간에 위기에 빠져 궁지에 몰리지 않을까요?

평소 몸과 마음을 돌보는 것만으로도 고민의 대부분이 사라질 거라고 말한들 여전히 믿지 않을 것입니다. '난 안 피곤해!'라거나 '지금 내 멘탈은 멀쩡하니까!'라고 자신의 상태를 있는 그대로 받아들이지 못하는 분들이 많습니다.

여러분의 하루를 돌이켜 볼까요? 매일 아침 일찍 일어나 학교에 가야 합니다. 밀린 숙제와 시험공부도 해야 하죠. 친구들과의 사이가 멀어지지 않도록 반 아이들의 분위기도 부지런히 살핍니다. SNS 메시지가 쌓이면 바로 대답해야 '읽씹'했다는 오해를 피할 수 있어요. 선후배와의 복잡한 관계, 방과후 이어지는 과외나 학원 수업, 집에 돌아오면 부모님과의 갈등도 일어납니다. 여러분은 피곤할 수밖에 없습니다. 어려도 피곤합니다. '나는 잘하고 있어!', '의지도, 체력도 충분해!', '매일 즐거워!'라며 최상의 컨디션을 한결같이 유지할 수 있는 사람은 없습니다.

◆◆

90%는 불안정하고 피곤한 상태다

미국 질병통제예방센터Centers for Disease Control, CDC는 '3~17세 미

국 어린이 중 13~20% 정도가 정신 질환을 앓고 있다'라고 보고했습니다. 즉, 어린이 다섯 명 중 한 명은 불안한 상태에 놓여 있다는 겁니다. 심지어 코로나19가 시작된 2020년에는 정신과 환자 수가 20~30%나 증가했습니다. 이 중 발달 장애를 포함한 정신 질환을 앓고 있거나 진찰을 받아야 할 청소년은 10% 이상이 될 것으로 추정하고 있습니다.

저는 유튜브를 운영하면서 지금까지 약 2만 명을 대상으로 피로도에 관한 설문 조사를 여러 차례 진행했습니다. '평소 피로감

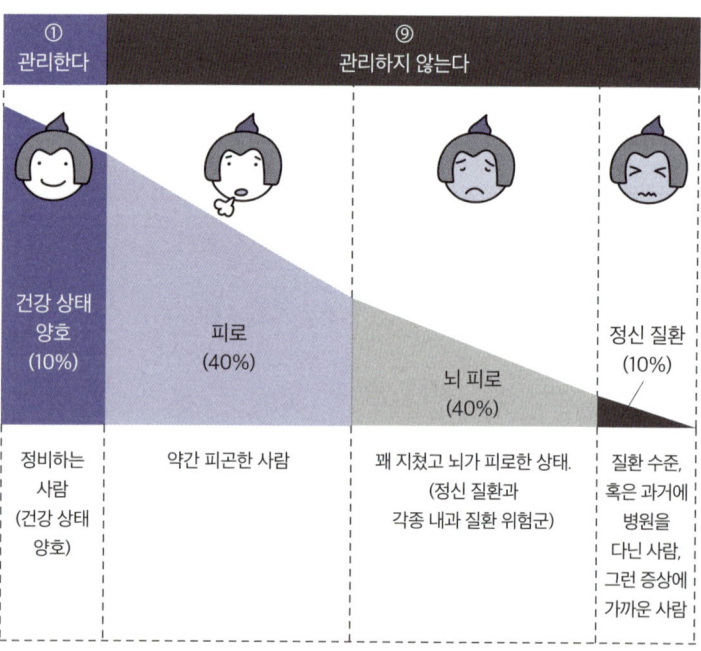

을 느끼나요?'라는 질문에 '그렇지 않다. 컨디션이 아주 좋다'라고 대답한 사람은 단 8%(전체 응답자 1.8만 명)에 불과했습니다. 평소에 컨디션을 관리한다고 대답한 사람은 10%에 그쳤습니다. 이 말은 피곤한 상태의 사람이 90%라는 이야기입니다. 여러분은 지금 정말 괜찮은가요? '듣고 보니 스트레스도 많이 쌓였고, 지친 것 같기도 하고 …….' 이런 생각이 드는 건 아닌가요?

✦✦
'정비'만 잘해도 고민의 대부분이 해결된다!

 "학교에 가기 싫어요. 어쩌면 좋을까요?"

'정비하기, 연결하기, 행동하기' 3단계만 잘 지킨다면 충분히 대처할 수 있습니다. 일단 교실 안에서 벌어진 복잡한 인간관계나 기타 학교에 가기 싫은 원인들은 잠시 접어두겠습니다. 문제 해결을 위해 우리가 가장 먼저 해야 할 일은 '정비'입니다. 수면과 운동, 식사 개선부터 시작하겠습니다.

[첫 번째 무기를 획득하기 위한 6가지 방법]
① 스마트폰을 손에서 내려놓고 사용 시간을 줄인다.

② 22시 이후에는 스마트폰이나 게임을 하지 않는다.

③ 23시에 자고 아침 7시에 일어난다.

④ 질 좋은 수면을 8시간 취한다.

⑤ 적당히 운동한다.

⑥ 아침을 포함해 균형 잡힌 식사를 한다.

위의 6가지를 한번 따라 해보세요. 컨디션과 기분이 깜짝 놀랄 만큼 개선될 겁니다. 학교에 가기 싫다는 부정적인 생각은 줄어들고 조금씩 의욕이 생겨날 거예요. '공부가 손에 안 잡혀', '의욕이 없어', '인간관계가 너무 힘들어', '학교가 재미없어', '사는 게 힘들고 죽고 싶어' 등 10대가 하는 다양한 고민은 '정비'라는 무기를 손에 쥔 것만으로도 대부분 해결할 수 있습니다. 실제로 제게 치료를 받았던 청소년 환자나 앞서 소개한 6가지를 따라 해본 10대 유튜브 구독자들에게 이 방법이 실제로 효과가 있었다는 말을 많이 들었습니다.

그럼 우리는 무엇을 어떻게 '정비'하면 좋을까요? 지금부터 차근차근 설명하겠습니다.

수면으로 정비하기

✦✦

고민이 있다면 우선 8시간을 자라!

10대인 여러분에게는 중요한 것도 많고 그중에는 반드시 해야 하는 것도 분명히 있습니다. 하지만 저에게 청소년에게 가장 중요한 것이 무엇인지 묻는다면 망설임 없이 '잠'이라고 대답할 것입니다. '하고 싶은 일에 최선을 다해라', '꿈을 찾아라!', '친구 관계를 소중히 해라', '열심히 공부해라!' 등의 답을 할 거라고 생각했나요? 틀렸습니다. 이런 건 나중에 생각할 일입니다.

① 질 좋은 수면을 취한다. ② 밤을 새우지 않는다. ③ 규칙적

인 수면 시간을 지킨다. ④ 충분한 수면 시간을 확보한다. 이 4가지면 대부분의 청소년들이 하는 고민은 해결됩니다.

메이저리그에서 활약하고 있는 오타니 쇼헤이 선수는 다들 아실 겁니다. 이 선수가 '수면'을 중요시한다는 이야기는 잘 알려져 있지요. 최적의 수면을 위해서라면 초대받은 식사 자리마저도 참석하지 않을 정도라니까요. 한 기자가 "하루에 최소 몇 시간을 자고 싶나요?"라고 묻자 선수는 "많이 잘수록 좋습니다. 수면의 '질'은 나중에 생각할 문제죠. 우선은 '양'을 확보해야 합니다. 얼마나 잤는지가 가장 중요해서요."(일본 스포츠 전문 매체 스포니치 아넥스 Sponichi Anex, 2023년 5월 4일 기사)라고 대답했습니다.

오타니 선수는 역시 수면의 중요성을 잘 알고 있네요. 그렇기에 언제나 최고의 컨디션을 유지하며 세계적인 스타플레이어가 될 수 있었겠지요. 여러분은 현재 잠을 충분히 자고 있나요? 아래 11가지 고민 중 해당되는 항목에 체크해 보세요.

[청소년들이 많이 하는 11가지 고민]

☐ 성적이 별로다.

☐ 집중력이 떨어지고 공부하는 게 재미없다.

☐ 오전에는 보통 멍하게 보내고 수업 시간에 집중할 수 없다.

☐ 아침에 눈을 뜨기가 힘들고 아무것도 하고 싶지 않다.

☐ 학교에 가기 싫다.

☐ 자주 짜증이나 화가 나고 스스로 감정 조절이 안 된다.

☐ 인간관계가 어렵게 느껴진다.

☐ 기분이 가라앉고 모든 일에 의욕이 없다.

☐ 매사에 부정적인 생각이 들고 자기 긍정감이 낮다.

☐ 즐겁거나 행복한 일이 없다.

☐ 죽고 싶다.

10대라면 한 번쯤 해보았을 고민들입니다. 이 고민들에는 다양한 원인이 있겠지만, 근본적인 이유는 '수면 부족'일 가능성이 높습니다. 잠을 푹 자는 것만으로 앞에 나온 고민들이 거의 해결될 수 있다는 이야기지요. 정말 간단하지 않나요.

생각만 해도 머리가 지끈거리는 고민이 있나요? 저는 고민이 많은 친구들에게는 가장 먼저 8시간 수면을 권장합니다. 갑자기 오랜 시간 잠을 자는 게 힘들다면 7시간 이상을 목표로 해보세요. 이렇게 말하는 저는 몇 시간 자냐고요? 매일 8시간을 자고 있습니다.

고민이 있다면
우선 8시간
푹 자고 보자!

고등학생의 80%는 수면 부족이다!

일본 내각부에서 조사한 바에 따르면 고등학생의 평균 취침 시각은 23시 42분, 기상 시각은 6시 36분으로 평균 수면 시간은 '6시간 54분'이었습니다(2021년 어린이 생활시간에 관한 조사). 이화학연구소와 도쿄대학은 웨어러블 기기를 사용해 약 7천 700명의 초중고 학생들의 수면 시간을 조사한 결과, 고등학생의 평균 수면 시간이 '6시간 27분'이며 고등학생의 약 30%가 6시간 미만의 잠을 잔다고 밝혔습니다('어린이 수면 검진' 프로젝트 2024년).

미국 국립수면재단National Sleep Foundation은 청소년에게 필요한 이상적인 수면 시간으로 8~10시간을, 최소 권장하는 수면 시간은 7시간이라고 발표했는데요. 일본 후생노동성이 책정한 '건강을 위한 수면 가이드 2023'에서도 '중고등학생은 8~10시간을 기준으로 수면 시간을 확보해야 한다'라고 나와 있습니다.

저도 청소년들에게 최소 7시간, 가능하면 8시간의 수면을 추천합니다. 하지만 고등학생의 평균 수면 시간이 7시간이 채 되지 않으니 최소 1시간은 부족한 상태입니다. 일본 문부과학성이 조사한 '가정교육의 종합적 추진에 관한 연구'(2015년)에 따르면, '수업 중에 졸음이 쏟아진 적이 있었나'라는 질문에 '자주 그렇다'와

'가끔 그렇다'라는 답변이 78.5%를 차지했습니다.

　정신의학적으로 봤을 때 양질의 수면을 충분히 취했다면 일상 생활을 할 때는 잠이 오지 않습니다. 혹시 수업 중에 졸음이 쏟아진다면, 그것도 매일 그렇다면 당신은 '수면 부족' 상태입니다. 전문가들 사이에서도 의견이 분분하지만 수면과 관련한 방대한 양의 논문과 책을 읽고 실제 수면 지도까지 해온 제 의견을 바탕으로, 다음 표와 같이 정리할 수 있습니다.

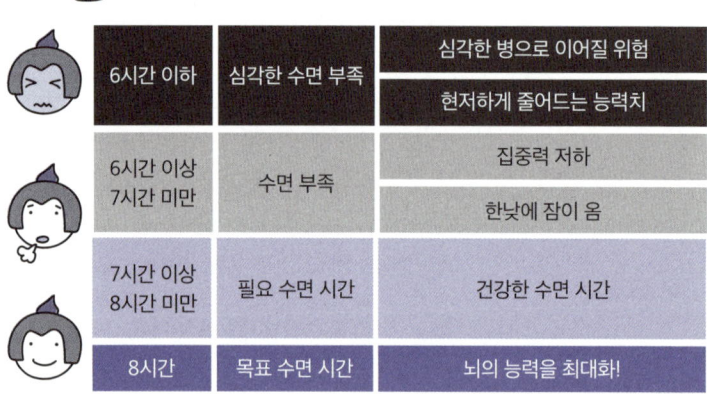

하루에 몇 시간을 자야 좋은 걸까?

6시간 이하	심각한 수면 부족	심각한 병으로 이어질 위험
		현저하게 줄어드는 능력치
6시간 이상 7시간 미만	수면 부족	집중력 저하
		한낮에 잠이 옴
7시간 이상 8시간 미만	필요 수면 시간	건강한 수면 시간
8시간	목표 수면 시간	뇌의 능력을 최대화!

　이 표를 기준으로 했을 때, 6시간 미만의 잠을 자는 고등학생의 약 30%는 '심각한 수면 부족' 상태로 볼 수 있겠네요. 그리고

80%는 잠 때문에 일상생활에 어려움을 겪는 '수면 부족' 상태입니다. 이건 매우 심각한 상황입니다. 수면 부족은 뇌를 비롯해 기억력, 총명함, 인간관계, 몸과 마음의 건강까지 인생에서 중요한 모든 것을 서서히 파괴하고 빼앗아갈 것이기 때문입니다.

◆◆

수면 부족이 인생을 파괴하는 10가지 이유

수면 부족이 우리 몸과 마음에 끼치는 악영향 10가지를 간단히 설명하겠습니다.

1. 성적이 떨어진다

2주 이상 6시간 이하로 잠을 잤을 때 뇌에서는 어떤 일이 일어날까요? 수면 부족 상태가 지속되면 뇌의 인지기능은 '밤을 새웠을 때'와 같은 단계까지 내려갑니다. 종일 계속 멍한 상태로 실수하는 일이 많아집니다. 당연히 공부를 해도 성적이 오르지 않고 수업 내용도 귀에 들어오지 않습니다.

미국에서 고등학생을 대상으로 한 연구에서는 성적이 좋지 않은 그룹이 성적이 좋은 그룹보다 평균 취침 시간이 40분 늦고 수면 시간은 약 25분 짧다는 결과를 발표했습니다. 또한 성적 A등

급 학생과 D등급 학생의 수면 시간이 40분 차이 난다는 사실도 발견했습니다. 이 연구를 통해 우리는 밤늦게까지 무리해서 공부하는 것보다 일찍 자는 것이 더 좋은 성적을 받을 수 있다는 사실을 알 수 있습니다.

2. 공부한 내용이 기억에 남지 않는다

공부한 내용을 머릿속에 완벽히 넣으려면 최소 6시간 이상의 수면 시간이 필요합니다. 공부뿐만 아니라 운동이나 피아노처럼 훈련하고 연습한 결과를 뇌에 정착하게 만들 때도 마찬가지입니다.

피아노를 연습한 뒤 충분한 수면을 취하면 그다음 날 피아노를 칠 때 속도는 20%, 정확성은 35% 상승한다는 연구 결과가 있습니다. 또한 남자 농구선수 10명을 대상으로 매일 연습 이후 10시간을 자게 했더니, 40일 후에 80m 달리기 기록이 0.7초 단축되고 3점 슛은 1.4개 더 들어갔다는 연구 결과도 있습니다.

혹시 성과가 나오지 않는 일에 스스로 타고난 재능이 없다고 판단하며 지레 포기한 적은 없나요? 지금 당신에게 부족한 것은 재능이 아니라 충분한 수면입니다.

3. 뇌의 성장이 멈춰 머리가 나빠진다

도호쿠대학 가령加齡의학연구소는 '수면 시간이 짧은 아이일수록 뇌 안에 있는 해마(기억을 담당하는 부위)가 작은 경향이 있다'라고 발표했습니다. 실제로 장기적인 수면 부족은 뇌의 발달과 성장을 방해합니다. 청소년기에 생긴 뇌의 발달 장애를 성인이 되어 다시 되돌릴 수 있는지 현재로서는 알 길이 없습니다.

이탈리아의 마르케공과대학에서도 수면 부족이 뇌 속의 식작용을 담당하는 세포를 활성화해 시냅스(신경세포의 연결 부위)의 분해를 촉진한다는 사실을 알아냈습니다. 쉽게 말해 수면이 부족하면 뇌가 파괴되어 머리가 나빠진다는 이야기지요.

4. 실수가 잦아져 발달 장애로 착각한다

수면 부족일 때 가장 먼저 나타나는 증상은 '부주의함'입니다. 집중력이 떨어지고 자주 깜빡하거나 실수하는 일이 많아집니다. 이런 증상을 인터넷에 검색하니 '발달 장애'라고 나오는 경우도 있더군요. 걱정되는 마음에 정신의학과를 찾아오는 사람들도 있습니다. 하지만 푹 자고 규칙적인 생활을 하는 것만으로도 증상이 사라지곤 합니다. 수면 부족의 문제였으니까요.

5. 의욕이 떨어지고 아무것도 하고 싶지 않다

혹시 의욕이 없고 아무것도 하기 싫은 상태인가요? 정신건강의학과에서는 이런 상태를 '의욕 저하'라고 부릅니다. 우울증에서 가장 두드러지는 증상입니다. 수면 시간이 짧을수록 의욕 저하 증상은 점차 심해집니다. 물론 공부하는 게 싫고 학교에 가는 걸 싫어한다고 해서 곧바로 우울증이라고 진단하지는 않습니다. 하지만 수면 부족인 상태를 방치했을 때 우울증으로 이어지는 경우도 있으니 주의해야 합니다.

왜 그런 걸까요? 수면 부족 상태가 지속되면 '행복 물질'이라고도 불리는 뇌 속 신경전달물질인 '세로토닌'의 활성도가 떨어지기 때문입니다. 세로토닌이 분비되면 상쾌함, 안정감, 포근함, 행복감 등을 느끼는 반면 분비되지 않으면 아침에 눈을 뜨는 것도 힘들어집니다. 심하게는 '삶이 끝났다'라고 느끼거나 '죽고 싶다'라는 기분이 듭니다. 학교에 가고 싶을 리가 없겠지요.

6. 체력이 떨어지며 신체에 이상이 생긴다

등교를 거부하는 청소년들 중에는 종종 '기립성 저혈압'을 진단받는 경우가 있습니다. 이들은 아침에 일어났을 때 혈압이 낮아져 비틀거리거나 어지럼증, 현기증을 겪습니다. 이 병의 원인을 자율신경의 교란으로 볼 수도 있겠지만 가장 근본적인 원인은 수면 부족입니다. '수면 부족 → 체력 떨어짐 → 자율신경 교란 → 기립성 저혈압'으로 설명할 수 있습니다. 충분한 잠을 자고 꾸준히 운동하면 나아집니다.

7. 외적 매력이 사라진다

외적인 매력 또한 떨어지기 마련입니다. 얼굴에 생기가 없고 눈에는 초점이 없기 때문에 활력이 사라지며 '웃음이 적고 어두운 분위기의 사람'처럼 보일 수 있습니다. 수면 중에 분출되는 성장호르몬은 피부의 신진대사를 촉진하는 역할도 하기에 잠이 부족하면 당연히 피부에도 나쁜 영향을 미칩니다. 피곤한 상태에서는 몸이 축 늘어져 바른 자세를 유지할 수도 없지요.

인기가 많은 사람을 한번 떠올려 보세요. 환하고, 밝고, 건강하고, 웃음이 많지요. 반대로 잠이 부족한 사람들은 우울해 보이고, 어둡고, 기분이 나쁜 사람이라는 인상을 줍니다. 앞서 말한 세로토닌은 기분과 감정뿐만 아니라 표정과 자세에 관련된 근육도 조절합니다. 충분한 잠을 통해 세로토닌이 활성화된 사람만이 바른 자세와 매력적인 웃음까지 가질 수 있다는 걸 잊지 마세요.

8. 감정이 불안해지고 인간관계가 무너진다

잠이 부족한 사람일수록 쉽게 짜증을 내거나 이성을 잃고 화를 내는 경향이 있는데요. 이는 뇌에서 발생하는 전전두엽 피질 prefrontal cortex, PFC의 기능이 떨어지기 때문입니다. '전전두엽 피질' 은 생각, 판단, 기억, 아이디어 제출, 감정 조절 등 고차원적인 인지기능을 담당하는 뇌의 중추로, '뇌의 사령탑'이라고 불리 기도 합니다.

도쿄대학에서 중고등학생을 대상으로 수면 시간과 우울 · 불 안과의 상관관계를 조사한 연구가 있습니다. 이 연구 조사에 의 하면, 우울 · 불안을 가장 적게 느끼는 남학생들은 평균 8시간 이 넘는 수면을 취하고 있었고, 수면 시간이 이보다 적을수록 우 울 · 불안의 수치는 눈에 띌 정도로 높아졌습니다. 이 연구에서 는 청소년들의 심리적인 건강을 유지하기 위해서 8시간 30분의 수면 시간을 장려합니다.

9. 우울증과 자살, 중독의 위험을 높인다

수면 부족은 정신 질환의 발병으로 이어질 수 있습니다. 수면 시간이 6시간 아래로 떨어지면 우울증 발병률은 5.8배, 치매는 5배, 자살률은 2~4.3배로 증가합니다. 자주 '죽고 싶다', '사는 게 의미가 없다'라고 생각한다면 가장 먼저 해야 할 일은 잠을 자는 것입니다. 잠이 부족하면 보상 회로(동기와 긍정적인 감정 등 행복 을 담당하는 신경회로)에서 작용하는 도파민의 활동에 문제가 생기기 때문입니다. 참을성이 없어지고 유혹에 쉽게 휘둘리게 됩니다 (130쪽 참조). 결과적으로 음주나 흡연에 중독되거나 문제 행동을 일으킬 위험성도 올라가겠죠.

10. 불안이 강해진다

고민이란 '불안'이자 '걱정'입니다. 어떤 곤란한 일이 일어났을 때 불안해하지 않고 침착하게 대응할 수 있다면 그건 더 이상 고민이 아닙니다.

뇌의 '편도체'라는 부위는 불안과 위험을 감지하고 알려주는데, 이를 완화시키는 것이 앞에서 말한 '전전두엽 피질'입니다. 잠이 부족하면 전전두엽 피질의 움직임이 점차 줄어들면서 쉽게 불안을 느끼고 사소한 일에도 예민해집니다. 푹 자면 자연스럽게 고민도 줄어들겠죠.

이처럼 질 높은 수면은 대부분의 고민을 해소해 준다고 해도 과언이 아닙니다. 당장 여러분이 가진 모든 고민을 완벽하게 해결해 줄 수는 없겠지만, 적어도 수면 시간을 늘려 질을 개선하는 것만으로 불안과 괴로움은 줄어든다고 확신합니다.

수면 부족이 일으키는
심각한 악영향 10가지

① 성적이 떨어진다.

② 공부한 내용이 기억에 남지 않는다.

③ 뇌의 성장이 멈춰 머리가 나빠진다.

④ 실수가 잦아져 발달 장애로 착각한다.

⑤ 의욕이 떨어지고 아무것도 하고 싶지 않다.

⑥ 체력이 떨어지며 신체에 이상이 생긴다.

⑦ 외적 매력이 사라진다.

⑧ 감정이 불안해지고 인간관계가 무너진다.

⑨ 우울증과 자살, 중독의 위험을 높인다.

⑩ 불안이 강해진다.

뇌를 정비할 시간이 줄어들면 머리가 나빠진다

　수면 부족은 성인보다 한창 성장하는 10대에게 훨씬 심각한 영향을 끼칩니다. 왜 그런 걸까요? 사람의 뇌는 5~6세 때 이미 성인 뇌의 90%까지 자랍니다. 그러나 청소년기에 접어들었을 무렵의 뇌는 여전히 미성숙한 상태입니다. 특히 대뇌피질의 30%를 차지하는 전전두엽 피질의 회로는 10대 시기에 발달해 20대 전반에 걸쳐 완성됩니다.

　잠을 자는 동안에 성장호르몬이 분비되어 근육과 뼈가 자라난다는 사실은 흔히들 알고 있지요. 그런데 뇌도 이때 활동한다는 것을 알고 있나요? 최근 연구에서는 렘수면(꿈꾸는 수면)일 때 뇌의 모세혈관 혈류량이 하루에 2배로 늘어난다는 사실이 밝혀졌습니다. 모세혈관은 영양분과 노폐물을 교환하는 역할도 하지만 잠을 자는 사이에는 뇌에 쌓인 노폐물을 청소해 관리합니다. 또한 렘수면 중에는 기억도 정리하지요. 그런데 수면 부족이 이어지면 '아밀로이드베타'라는 물질이 쌓이게 됩니다. 이 물질은 알츠하이머형 치매의 원인물질로 불리는 신경독성이 강한 단백질인데요. 6시간 30분 이상 잠을 자면 이 물질은 배출된다고 하니, 푹 자면 치매까지도 예방할 수 있다는 말이지요.

결국 잠이 부족하면 피로 회복, 성장, 기억 정리, 뇌 정비 등 신체의 여러 활동이 멈추게 되고 결국 머리가 나빠진다고 보면 됩니다. 청소년기는 성장기 골든타임입니다. 이렇게 중요한 시기에 뇌를 성장시키겠습니까, 아니면 뇌를 파괴하시겠습니까?

'뇌의 사령탑'이라고 불리는 전전두엽 피질은 집중력, 기억력, 사고력, 감정 조절, 충동 억제 등과도 관련이 있습니다. 이 부위가 충분히 발달하지 못한 채 성장기 골든타임이 끝나버린다면 어떻게 될까요? 일에 집중하지 못하고 기억력도 떨어지기 때문에 실수를 연발하게 되겠지요. 불안정함을 느끼고 쉽게 짜증을 내며 스트레스에 취약해 곧바로 우울해집니다. 이런 상태로는 결코 맡은 일을 잘 해낼 수 없습니다.

수면은 식물을 키울 때 필요한 '물'과 같습니다. 물을 조금만 주면 금세 말라버리지만 잘 자라는 시기에 물을 충분히 주면 나중에 크게 자라 열매까지 맺을 수 있습니다. 청소년기도 마찬가지입니다. 평생 사용할 뇌가 수면으로 만들어지니 우리는 이 시기에 수면 부족으로 뇌의 기능이 떨어지지 않도록 해야 하겠지요.

첫 번째 무기 ◆ 정비력

수면이 부족하면
머리가 나빠진다

체내시계로 정비하기

◆◆

절대 밤새우지 마라

앞에서 고등학생의 80%는 수면 부족 상태라고 했습니다. 이유가 무엇일까요? 길게 말하지 않아도 이미 짐작하고 있을 거라 생각합니다. 종일 사용하는 스마트폰, 인터넷 서핑, 게임 때문입니다.

'스마트폰과 게임을 오래 할수록 수면 시간이 짧아진다'라는 결과는 각종 연구와 조사로 밝혀진 지 오래입니다. SNS로 채팅하기, 각종 영상 시청하기, 게임하기 등 여러 기능을 갖고 있는 스마트폰은 그야말로 '유혹의 상자'입니다. 게임을 하다 보니 밤 12시가 넘어 있었다거나 심지어 새벽까지 영상을 보게 됐다는 사람들이 많지요. 스마트폰 이용 시간을 줄이지 않는 한 절대 충분한 수면 시간을 확보할 수 없습니다.

✦✦

체내시계가 불규칙할 때 발생하는 문제들

'내일은 토요일이니까 오늘은 새벽 3시까지 게임해도 되겠지?'

주말이 되면 이런 생각으로 밤을 새우고 늦잠을 자는 사람들이 많습니다. 점심때까지 최소 7시간은 잤으니 괜찮은 것 아니냐고 생각할 수 있겠지만 '정비'하는 관점에서 보면 이는 최악의 습관입니다.

인간의 몸에는 '체내시계'라는 것이 있습니다. 마치 시계처럼 몸과 머리는 매일 정확한 리듬으로 움직입니다. 이 리듬에 따라 정해진 호르몬과 신경전달물질이 분비됩니다. 하지만 밤을 새우거나 평소보다 늦게 일어나면 체내시계가 틀어지면서 규칙적이던 리듬이 불안정해집니다.

예를 들어 평소 아침 7시에 일어나던 사람이 낮 12시에 일어났다고 해봅시다. 그럼 체내시계에는 5시간의 차이가 발생합니다. 월요일 아침에 '일어나기 힘들다', '학교에 가기 싫다', '잠이 쏟아진다'라고 느끼는 건 당연한 일이겠죠. 매일 아침 7시에 일어나는 사람이 새벽 2시에 일어난 것과 같으니까요.

한번 크게 틀어진 체내시계를 되돌리려면 대체로 3일이 걸립니다. 주말에 5시간이 틀어진 체내시계가 원래의 리듬을 되찾는 건 목요일입니다. 컨디션이 돌아왔다고 생각한 순간, 금요일 저녁에 다시 밤을 새우는 것이죠. 이렇게 계산하면 일주일 동안 멀쩡한 컨디션으로 지내는 건 목요일과 금요일, 단 이틀이라는 결론이 나옵니다.

[체내시계가 틀어졌을 때 생기는 문제]

- 아침에 일어나기 힘들고 심한 날에는 학교에 가지 못한다.
- 오전에는 집중력과 기억력이 떨어져 도무지 공부가 손에 잡히지 않는다.
- 하루 종일 졸리고 수업 중에 졸고 있는 날이 많다.
- 성적이 떨어진다.
- 불안하고 쉽게 짜증을 내며 인간관계에 문제가 생긴다.
- 식욕이 없다.

첫 번째 무기 ✦ 정비력

- 밤에 잠이 오지 않고 잠이 들어도 중간에 자꾸 깬다.
- 잠이 오지 않아 스마트폰(으로) 게임을 한다.
- 항상 체내시계가 틀어져 있어 다시 되돌릴 수가 없다.
- 호르몬이 교란되고 몸과 뇌의 발달과 성장에 지장이 있다.
- 성장호르몬이 분비되지 않고 피로감이 회복되지 않는다.

체내시계가 틀어져 있으면 다음과 같은 문제가 발생합니다.

평소에 7시간 이상 잤다고 해도 주말에 밤을 새우면 체내시계는 곧바로 틀어집니다. 특히 성장기에 있는 10대의 체내시계는 호르몬의 영향으로 성인보다 틀어지기 쉽습니다. 수면 시간은 충분한데 컨디션이 좋지 않다거나 매사에 의욕이 없고 계속 졸리기만 한가요? 이런 사람은 체내시계가 이미 틀어져 있을 가능성이 높습니다. 수면 부족 그 자체로도 건강에 좋지 않지만, 체내시계까지 틀어졌다면 더더욱 주의해야 합니다.

결국 충분한 수면 시간을 확보한 뒤, 매일 같은 시간에 자고 일어날 때 가장 건강한 상태라고 할 수 있습니다. 일주일만 규칙적으로 생활해 보세요. 제가 추천하는 최고의 정비 방법이니 그 효과는 확실합니다.

그래도 주말인데 늦잠을 자고 싶은 사람에게 허용되는 시간은

2시간입니다. 평소보다 2시간 늦게 일어나면 아슬아슬하게 체내시계가 틀어지지 않습니다. 그러니 늦잠을 꼭 자야겠다면 최대 2시간을 넘지 않도록 하세요.

✦✦
틀어진 체내시계를 되돌리는 가장 효과적인 방법

여기까지 읽고 '체내시계를 한번 정비해 볼까?'라고 생각했나요? 효과적인 방법 2가지를 알려드리겠습니다. 아주 간단합니다. 아침 식사와 아침 산책, 이 2가지로 틀어진 체내시계를 되돌릴 수 있습니다. 아침 식사는 뒤에서 자세히 다룰 예정이니, 여기서는 아침 산책에 관해서만 설명하겠습니다.

아침에 햇빛을 쐬면 빛의 자극이 눈의 망막으로 들어와 뇌의 깊은 곳에 있는 시교차상핵suprachiasmatic nucleus: SCN (수면, 각성, 혈압, 체온, 호르몬 분비 등 생리 기능의 리듬을 조절하는 부위)에 도달하면서 체내시계가 리셋됩니다. 5~10분 정도만 투자하면 되는데, 대부분 매일 지하철역이나 학교까지 10분 정도는 걸으니 체내시계를 자연스럽게 정비할 수 있지요. 다만 아침 산책으로 체내시계를 리셋하려면 기상 후 1시간 이내에 움직이는 게 좋습니다. 살짝 빠른 걸음으로 힘차고 리듬감 있게 5~15분 정도 산책하면 체내시계는 정비되고 세로토닌도 활성화됩니다. 최고의 컨디션으로 하루를 시작할 수 있습니다.

'오전에 집중력이 떨어지고 멍하게 보내는 시간이 많다', '밤에 잠이 안 오고 수면 장애가 있다', '아침에 일어나는 게 힘들다', '몸이 나른하고 컨디션이 안 좋다', '기립성 저혈압이 있다', '학교에 가기도 싫고 은둔형 외톨이로 지낸다' 등의 증상을 겪고 있어 고민인가요? 짧은 아침 산책만으로도 확실한 효과를 볼 수 있습니다.

첫 번째 무기: 정비력

운동으로 정비하기

✦✦
머리는 좋아질 수 있는 영역이다

😟 "나는 원래 머리가 나빠."

🧙 "머리가 좋았다면 원하는 고등학교에 들어갔을 텐데."

😟 "머리가 더 좋았다면 일류 대학에 합격했을 텐데."

'머리는 타고난다'라는 말에 동의하시나요? 아무리 노력해도 머리는 좋아질 수 없다고 생각하는 사람들이 많습니다. 하지만 뇌과학적 측면에서 보면 완전히 틀린 말입니다. 제 유튜브 채널에서 '똑똑한 머리는 타고난다고 생각하나요?'라는 질문을 한 적이 있는데요. 여기에 '그렇다'라고 대답한 사람이 57%였습니다. 약 60%의 사람이 '어쩔 수 없다'라고 생각하는 것이지요. 잘못된 상식으로 처음부터 인생을 포기한 거나 마찬가지입니다. 이 얼마나 안타까운 일인가요.

앞에서 '수면 부족으로 머리가 나빠진다'라는 말을 듣고 충격을 받았나요? 하지만 걱정하지 마세요. 머리가 좋아지는 방법도 있습니다. 바로 '운동'입니다.

기억력, 집중력, 학습 능력 등의 머리는 타고나는 것이 아닙니다. 운동과 학습에 따라 얼마든지 발달할 수 있습니다. 물론 제 개인적인 의견이 아닌 이미 방대한 과학 연구로 명확하게 밝혀진 사실입니다. 그러니 지금 당장 학교 성적이 좋지 않다고 비관할 필요가 전혀 없습니다. 운동하고 공부하면 됩니다. 당신의 뇌는 운동과 공부로 얼마든지 성장할 수 있으니까요. 기억력과 집중력이 상승하니 당연히 성적도 오를 겁니다.

하지만 대부분의 청소년들은 이와 반대로 행동하고 있지요. 오랜 시간 스마트폰을 만지거나 게임을 하며 앉아만 있습니다. 운동 부족 상태가 계속되면 뇌는 성장할 수 없습니다.

✦✦
운동하면 머리가 좋아진다

제가 의사가 되었던 30년 전 무렵에는 '머리는 타고난다'라는 주장을 이상하게 생각하지 않았습니다. '뇌세포의 수는 한정적이며, 나이가 들수록 점차 줄어든다'라는 게 당시의 오랜 주장이었으니까요. 하지만 최근 뇌과학 분야에서는 수많은 연구 결과를 통해 이를 틀린 주장이라고 밝혔습니다.

운동했을 때 뇌에서는 다음과 같은 변화들이 일어납니다.

[운동했을 때 뇌에서 일어나는 변화]

- 신경세포가 성장한다.
- 시냅스(신경세포의 결합부)가 증가한다.
- 뇌의 혈류가 증가하고 움직임이 활발해진다.
- 도파민, 노르아드레날린 등 기억력 향상 물질이 분비된다.
- 기억력, 집중력, 학습 기능, 실행 기능, 판단력 등 대부분의 뇌 기능이 현저히 향상된다.

첫 번째 무기 ✦ 정비력

운동을 통한 기억력과 집중력 등의 상승효과는 '운동 후 3시간' 정도 지속됩니다. 중강도의 운동을 3개월 이상 지속해 습관으로 만들면 운동을 하지 않을 때에도 기억력과 집중력은 높은 상태를 유지합니다. 결국 머리가 좋아진다는 이야기지요.

뇌과학은 최근 20년 사이에 비약적으로 진보했습니다. 그중에서도 특히 자기공명영상법fMRI의 정밀도는 놀라울 정도로 발달해 뇌의 어느 부위가 활성화되는지 초 단위로 알 수 있게 되었죠. 인생을 좌우할 만한 '운동을 하면 머리가 좋아진다'라는 정보가 그동안 세상에 알려지지 않았던 이유도 최근 10년에서 20년 사이에 명확해진 사실이기 때문입니다. 아직 책이나 인터넷에서도 많이 알려지지 않았을뿐더러 아직도 곰팡이가 필 지경의 30년도 더 넘은 오래된 뇌과학 사이트들이 존재합니다. 인터넷 세상에는 어마어마한 데이터들이 있지만 오래되고 잘못된 정보까지 그대로 남아 있다는 사실은 우리가 항상 경계해야 할 지점입니다.

✦✦

머리에 나이는 상관이 없다

😟 "운동하면 머리가 좋아진다고 해도 나는 고3인데……."

혹시 이 책을 읽으면서 고3이라서 이미 늦었다고 생각했나요? 괜찮습니다. 나이에 상관없이 운동은 뇌의 기능을 개선하는 데 효과가 있습니다. 뇌의 성장은 20대 전반에 완성되기에 유아와 초등학생 때는 물론이고, 중고등학생에게도 아직 여유가 있습니다.

"칠순이 넘은 고령자는 힘들까요?"

고령자도 당연히 괜찮습니다. 운동은 특히 뇌의 노화 속도를 늦추며 치매 예방에 아주 큰 도움이 됩니다. 하루에 20분 운동하는 것만으로도 치매에 걸릴 확률은 절반으로 줄어듭니다. 살면서 무언가를 계속 배우는 한 성장은 평생 이어진다는 사실을 여러분이 꼭 기억하면 좋겠습니다.

올해로 59세가 된 제 뇌도 아직 성장하고 있는데, 10대인 여러분의 뇌 성장 속도는 얼마나 빠를까요. 청소년기의 1년은 성인의 5년, 아니 10년과 같다고 볼 수 있습니다. 당신은 지금 뇌 성장기의 골든타임에 놓여 있다는 사실을 잊지 마세요. 뇌를 성장시키는 방법은 충분한 수면과 적절한 운동, 규칙적인 식사입니다. 스스로 관리하며 정비하는 힘이 반드시 뇌를 성장시킵니다.

체육 시간이 가져온 공부의 기적

운동과 머리에 관련된 유명한 사례 하나를 소개하겠습니다. 미국 일리노이주에 있는 네이퍼빌센트럴고등학교는 언뜻 보기에 평범한 공립학교이지만 다른 학교에 없는 특별한 수업 시간이 있습니다. 바로 '0교시 체육 시간'입니다. 운동하지 않는 학생들을 위해 수업을 시작하기 전, 45분 동안 운동하는 시간을 일부러 만들었습니다. 이 학교는 원래 성적이 우수한 학생들이 다니는 학교가 아니었음에도 불구하고 1999년 국제적으로 수학과 과학 성취도를 비교하는 평가TIMSS에서 2학년 학생이 이과에서 세계 1위, 수학에서 6위를 거머쥐었습니다. 0교시 체육 시간의 효과가 빛을 발한 것이죠.

평범한 공립학교에 다니던 학생이 세계 1위가 되었는데도 운동과 머리가 상관이 없다고 말할 수 있을까요? 하버드대학 연구팀이 이 학교 학생들을 대상으로 운동과 성적의 관련성을 연구한 결과, '운동 직후 약 3시간 동안은 기억력이 20% 가까이 상승한다'라는 사실을 밝혀냈습니다.

운동하면 왜 머리가 좋아질까?

이쯤에서 뇌의 메커니즘을 한번 짚고 넘어가려고 합니다. 나무에서 가지와 이파리가 뻗어나가 푸른 숲이 되는 모습을 떠올려 보세요. 여기에 비료가 있다면 나무는 더 빠른 속도로 자라나겠죠. 이 비료 역할을 하는 것이 뇌 유래 신경영양인자Brain-derived neurotrophic factor, BDNF(시냅스 결합을 촉진하고 뇌를 성장시켜 뇌세포의 죽음을 억제하는 물질)입니다. 운동을 하면 뇌에서 이 물질이 분비됩니다.

인간의 뇌 신경세포의 '수'는 태어났을 때 존재하는 수로 규정됩니다. 그런데 신경세포는 가지를 뻗어 다른 세포와 결합해 '신경 네트워크'를 만들어냅니다. 쉽게 말해 이 네트워크가 퍼질수록 머리가 좋아진다고 생각하면 됩니다. 운동은 뇌 성장에 이로운 비료를 잔뜩 뿌리는 행위입니다. 운동만 하면 뇌가 활성화되어 머리까지 좋아진다고 하니 이보다 좋은 방법이 또 있을까요?

평소에 운동을 하지 않았던 사람이라면 단 30분만 운동해도 효과는 즉시 나타납니다. 한창 운동할 때와 운동한 직후에는 '도파민', '노르아드레날린', '아드레날린' 등의 신경전달물질이 분비되는데, 이 물질들이 모두 기억력을 상승시키는 작용을 하기 때문입니다. 물론 집중력도 올라갑니다. 특히 도파민은 '학습 물질'

이라고 불릴 만큼 학습과 깊이 연관되어 있습니다. 운동한 뒤에 공부하면 '기억력이 20% 상승하는 효과가 있다'라는 사실을 알 게 되었으니, 이제 안 할 이유가 없네요.

✦✦

운동 후 보너스 타임을 활용하라

👤 **"저는 이미 매일 3시간씩 운동하는데 왜 성적이 안 오르죠?"**

이렇게 말하는 사람도 있습니다. 앞에서도 말했지만, 이해를 돕기 위해 여기서 한 번 더 설명하겠습니다. 운동을 하면 기억력을 상승시키는 신경전달물질이 분비되고 그 효과는 운동 직후 3시간 정도 지속됩니다. 3시간이라고 했지만 효과는 운동 직후에 가장 강하고, 시간이 지날수록 서서히 줄어듭니다.

당신은 운동한 뒤에 몇 시간 동안 공부했나요? 운동이 끝나고 카페에 들러 친구와 수다를 떨진 않았나요? 집에 돌아가는 지하철이나 버스 안에서 스마트폰을 보거나 깜빡 졸지는 않았고요? 집에 도착해서는 침대에서 빈둥거렸거나 잠깐 눈을 붙였을 수도 있겠네요.

제가 강조하고 싶은 건 운동 직후에 주어지는 보너스 타임은

머리가 좋아지는
운동 규칙 7가지

① 유산소운동과 근력운동, 모두 효과적이다.

② 중강도 이상(기분 좋게 땀이 날 정도의 운동 강도)의 운동을
한다.

③ 주 2회 이상, 한 번에 30분 이상 운동한다.

④ 일주일에 총 2시간 이상 운동한다.

⑤ 단순한 운동보다 복잡하고 임기응변에 대응하도록 요
구하는 운동(격투기, 무술, 댄스, 구기종목 등)이 효과적이다.

⑥ 3개월 이상 지속하고 습관화한다.

⑦ 오래 앉아 있지 않고 최소 60분에 한 번은 일어나서 걷
는다.

3시간이라는 점입니다. 이때 공부하지 않으면 의미가 없습니다. 운동 후 집에 돌아가는 길에 단어장이나 교과서를 보지 않는다면, 집에 가서 바로 책상 앞에 앉지 않는다면, 이 보너스 타임을 그대로 놓치는 것이죠.

운동은 게임에서 버서커(광전사)로 변신하는 것과 같습니다. 주문이 걸렸을 때 공격력과 공격 횟수가 2배가 되는 기술이지요. 운동 후에 공부하지 않는다는 것은 2배로 성장할 수 있는 이벤트 기간에 아무것도 안 한다는 것과 같습니다. 이는 마력MP 낭비, 더 나아가 인생 낭비입니다.

유의미한 결과를 내고 싶다면 오랜 시간을 투자하는 것보다 짧은 시간 동안 집중력을 높여 공부하는 걸 추천합니다. 집중력과 기억력을 상승시키는 물질이 팡팡 터지는 이 보너스 타임을 그냥 흘려버리기엔 너무 아깝지 않나요.

◆◆

운동을 많이 하면 공부에 더 도움이 될까?

평소에 고강도로 운동하는 사람들이 주의할 점이 하나 있습니다. 바로 '과하게' 운동하지 않는 것입니다. 2시간 이상 고강도로 운동했다면 몸은 지친 상태가 됩니다. '너무 피곤해서 공부할 때가 아니다', '지금 당장 자고 싶다'라는 생각이 들 수 있습니다.

피로한 상태가 되면 혈류와 에너지(포도당)는 회복을 위해 신체, 특히 근육으로 향합니다. 뇌의 무게는 체중의 단 2%에 불과하지만 뇌는 전체 혈류의 15~20%를, 전체 에너지의 18%를 소비합니다. 그런데 근육으로 향하는 혈류가 늘어나면 자연스럽게 뇌는 충분한 에너지를 공급받지 못하겠죠. 고강도로 운동한 이후 머리가 멍해지거나 잠이 오는 것은 에너지 부족으로 뇌의 활동이 급격하게 줄었기 때문입니다. 따라서 운동 후에 공부하기가 힘든 정도의 컨디션이라면, 간식으로 에너지를 공급하는 등의 대책을 마련해야 합니다.

◆◆

운동은 경험치 3배 아이템이다!

저는 2011년부터 헬스장에 다니기 시작했습니다. 일주일에 2~3회, 한 번 갈 때마다 60분에서 90분 정도의 근력운동과 유산소운동을 하는데요. 땀이 많이 나는 꽤나 힘든 루틴입니다. 운동을 끝내고 헬스장을 나오면 곧바로 카페로 향합니다. 그리고 노트북을 켜고 글을 쓰기 시작합니다. 운동으로 머리가 산뜻해진 상태라 집필 작업이 수월해집니다.

운동 직후 3시간을 최대한 활용하라!

제 본업은 작가이지만, 집필하는 시간은 오전 중 3시간이 전부입니다. 그 이상은 집중력이 급격하게 떨어지기 때문이죠. 하지만 운동을 한 직후에는 집중력이 다시 높아지기 때문에 그때부터 최대 3시간을 다시 집필하는 시간으로 활용합니다. 하루에 1시간만 운동해도 집필량이 2배가 되는 격이니, 한시적이지만 무적 상태가 되는 마법의 아이템이네요.

시간이 없어서 운동을 못 한다는 말들도 많이 합니다. 그럼 1시간을 운동하면 3시간짜리 고도의 집중력을 얻을 수 있다고 생각해 보면 어떨까요. 과금형 게임에서 종종 '경험치 2배 아이템'은 봤어도 '3배 아이템'은 본 적이 없을 것입니다. 운동은 그보다 강력한 아이템입니다. 우리가 이 아이템을 안 쓸 이유가 있을까요?

식사로 정비하기

✦✦

신체가 성장하는 시기는 지금뿐이다

10대인 여러분이 오직 지금 잘할 수 있는 일은 바로 '성장'입니다. 앞에서 말했지만 10대는 '성장기 골든타임'입니다. 가급적이면 이 시기를 최대한 활용해 성장할 수 있기를 바랍니다. 성장을 위해 해야 할 일은 단 하나, '성장을 방해하지 않는 것'입니다.

청소년기의 신체와 뇌는 한창 성장하고 있기 때문에 이를 방해하는 행위는 최대한 피하는 게 좋습니다. 예를 들면 수면 부족, 운동 부족, 영양 부족 등이 있겠네요. 그 외에 음주나 흡연, 약물

등은 정신적인 성장까지도 방해하기 때문에 반드시 피해야 합니다. 물론 이런 행위는 법적으로도 행해서는 안 되겠지만요.

'신체와 뇌, 생활 습관을 관리한다'라는 것은 '성장을 촉진한다'라는 측면에서 매우 중요한 의의를 갖습니다. 여기에서는 영양 부족이 성장에 미치는 영향과 건강한 식사에 관해 설명하려고 합니다.

✦✦

성장에 가장 치명적인 건 영양 부족이다

식사와 영양에 관해 처음부터 끝까지 설명하려면 책 한 권 분량이 되어버리니, 10대에게 가장 중요한 2가지만 소개하겠습니다. ① 다이어트를 하지 않는 것 ② 아침을 먹는 것입니다.

요즘 중고등학생 사이에서는 다이어트가 유행입니다. LINE 리서치 노트에서 고등학생을 대상으로 실시한 조사에 따르면 '지금 다이어트를 하고 있나요?'라는 질문에 '하고 있다'라고 대답한 여학생은 무려 64.8%, 남학생은 24.7%였습니다. 여성에게 다이어트는 당연하다는 인식 때문일까요.

하지만 청소년기에 다이어트는 절대 금물입니다. 극단적으로 적게 먹거나 편식하는 것은 영양 부족으로 이어져 성장을 방해하기 때문입니다. 10대 때는 활동량도 많기 때문에 충분한 에너지와 영양소가 꼭 필요합니다. 영양소는 우리 몸을 만드는 재료입니다. 재료가 부족하면 성장하는 데 지장이 가는 건 당연지사겠죠. 필요한 영양소를 얻으려면 반드시 음식을 골고루 섭취해야 합니다.

✦✦
청소년에게 다이어트는 금물이다

다이어트를 하는 사람은 보통 기름진 음식(지질)을 피해서 섭취하지만 이는 좋은 방법이 아닙니다. 왜냐하면 뇌의 60%는 지질로 이루어져 있기 때문입니다. 지질에는 콜레스테롤이 50%, 인지질과 오메가-3 지방산이 각 25%씩 들어 있습니다. 인지질은 신경세포의 세포막이 되고, 콜레스테롤은 세포막을 보호합니다.

대표적인 오메가-3 지방산은 DHA Docosa Hexaenoic Acid(도코사헥사엔산)로, 신경세포끼리 정보를 전달하는 역할을 합니다. DHA가 풍부하면 신경 전달이 원활해지는 것이지요. 결국 지질이 충분하면 뇌의 신경세포를 유지하기 때문에 머리가 좋아진다는 말입니다.

지금 다이어트하고 있나요?

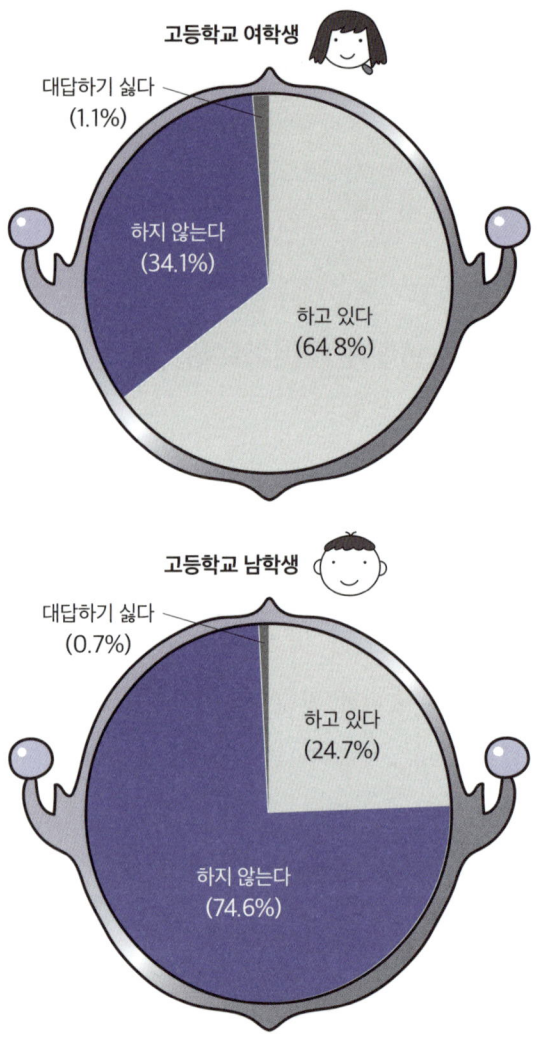

고등학교 여학생

대답하기 싫다
(1.1%)

하지 않는다
(34.1%)

하고 있다
(64.8%)

고등학교 남학생

대답하기 싫다
(0.7%)

하고 있다
(24.7%)

하지 않는다
(74.6%)

LINE 리서치 '중고등학생의 사정' (2020년 6월 8일 자)에서

첫 번째 무기 ✦ 정비력

다이어트는
절대 금지.
아침은 꼭 먹자!

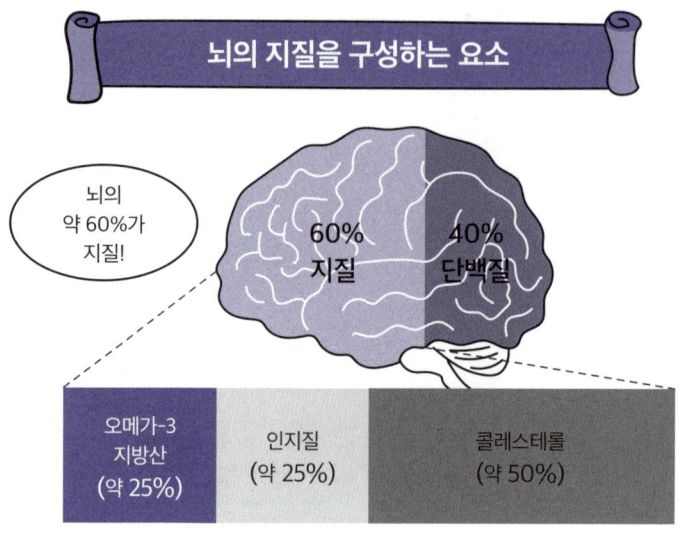

이 DHA는 필수지방산으로, 체내에서 합성되지 않기 때문에 반드시 음식을 통해 섭취해야 합니다. 지질이 다량 함유된 식재료로는 고기, 생선, 유제품, 달걀, 견과류 등이 있습니다. 특히 오메가-3 지방산은 고등어, 꽁치, 정어리처럼 등푸른생선에 풍부하게 들어 있지요. '생선을 먹으면 머리가 좋아진다'라는 말을 들어본 적 없나요? 미신이 아니라 올바른 지식입니다. 지방이 없으면 뇌는 만들어지지 않습니다. 그러면 성적도 당연히 떨어지겠죠. 이 사실을 알고도 지방 섭취를 제한하는 다이어트를 계속하시겠어요?

영양이 부족했을 때 생기는 악순환

한편 '3대 행복 물질' 중 2가지에 해당하는 세로토닌과 도파민을 비롯해 노르아드레날린과 같은 신경전달물질(뇌 내 물질)을 합성하려면 '아미노산'이 필요한데요. 세로토닌을 예로 들어 설명하겠습니다.

세로토닌의 원료가 되는 물질은 트립토판tryptophan입니다. 이 물질은 필수아미노산이며 DHA처럼 체내에서 합성되지 않습니다. 이 말은, 극단적인 다이어트나 편식으로 트립토판을 섭취하지 않는다면 세로토닌을 만들어지지 않기 때문에 결과적으로 집중력과 기억력이 떨어진다는 이야기입니다. 이런 상태가 지속되면 머리는 멍해지고 공부도 손에 잡히지 않겠죠. 아무리 노력해도 효과가 없는 악순환이 이어집니다.

아침 식사를 거르면 뇌의 에너지가 줄어든다

뇌 기능에 중요한 영양소와 에너지원은 '포도당'입니다. 아침에 일어나면 우리 몸의 혈당은 매우 낮은 상태인데요. 이때 아침 식사를 하면 에너지가 돌면서 활력이 생깁니다. 반대로 아침 식사를 거르면 오전 내내 혈당이 낮은 상태이기 때문에 뇌의 에너지가 부족해집니다. 학교 수업을 들어도 머리에 전혀 들어오지 않겠죠. 이 무슨 시간 낭비인가요!

실제로 아침 식사를 하는 학생이 거르는 학생보다 성적이 높다는 조사 결과도 있습니다. 일본 전국에서 초등학교 6학년과 중학교 3학년을 대상으로 매년 실시하는 학력 테스트에서는 아침 식사를 거르는 학생은 먹는 학생보다 주요 과목 점수가 약 10%나 낮았습니다. 아침도 먹고 점수를 10%나 올릴 수 있다는데, 이만한 방법이 또 있을까요? 아직도 아침을 거를 생각인가요?

✦✦
체내시계를 동기화하는 아침 식사의 중요성

아침 식사는 단순히 영양을 섭취하는 것 말고도 틀어진 체내시계를 리셋하는 아주 중요한 역할을 담당하고 있습니다. 앞에서 가벼운 아침 산책을 통해 체내시계를 리셋할 수 있다고 했는데요. 하지만 몸 안에 있는 '장기'의 체내시계는 햇빛을 쐬는 것만으로 정비되지는 않습니다.

이때 중요한 것은 '아침 식사'입니다. 아침을 먹고 혈당이 오르면서 인슐린이 분비되면 그제야 온몸의 장기가 각성하고 신체 활동을 시작했다고 판단합니다. 아침 식사로 뇌와 몸의 체내시계가 동기화되면서 최상의 컨디션이 만들어지는 것이지요. 아침을 먹지 않으면 머리는 괜찮을지 몰라도 몸은 각성이 덜 된 불균형 상태가 됩니다. 바나나 반 개라도 좋으니, 간단히라도 음식물을 섭취하기를 권장합니다.

청소년기에는 다이어트가 아닌 아침 식사를 해야 합니다. 성인보다 활동량이 많은 이 시기에 충분한 에너지를 공급하지 않거나 영양소를 골고루 섭취하지 않는다면 자신의 성장을 방해하는 꼴입니다.

컵라면과 같은 인스턴트식품이나 패스트푸드만 먹으면 비타민과 미네랄이 부족해집니다. 채소와 해조류, 과일, 견과류 등에 많이 함유된 비타민과 미네랄은 뇌에 꼭 필요한 영양소이므로 반드시 따로 섭취하길 추천합니다.

이미 한번 늦어진 신체나 뇌의 성장을 되돌릴 수 있을까요? 과학적으로 확실한 건 아니지만 제 개인적인 의견으로는 되돌릴 수 없다고 생각합니다. 성장은 20대 초반에 거의 끝나기 때문입니다. 청소년기에 영양 부족인 상태로 지내는 것은 철골과 콘크리트가 부족한 상태로 지은 불법 건축물과 같습니다. 언제 무너져도 이상하지 않지요. 내진 기준을 지키지 않았기에 어른이 되었을 때 과로와 스트레스에 취약할 수밖에 없습니다.

···정리···

① 몸과 마음을 정비하면 모든 것이 수월하다.

② 수면, 운동, 식사로 몸과 마음을 관리하자.

③ 10대는 성장기 골든타임이다. 이 시기의 생활 습관으로 인생이 달라진다.

④ 기억이 정착되려면 수면은 필수. 7시간이 넘는 양질의 잠을 자자.

⑤ 주말이라도 밤샘은 절대 금지. 밤을 새우면 체내시계가 틀어진다.

⑥ 운동하면 머리가 점점 좋아진다.

⑦ 중고등학생은 절대로 다이어트를 하지 않도록! 뇌와 신체가 너덜너덜해진다.

⑧ 아침을 거르면 체내시계는 뒤틀린 채로 있다.

두 번째 무기

회복탄력성

민첩함

두 번째 무기: 회복탄력성

유연한 마음은 인생에
여러 갈래를 제시한다

✦✦

회복탄력성이란?

첫 번째 무기를 통해 몸과 마음을 잘 정비했나요? 다음은 머리를 정비할 차례입니다. 두 번째로 전수할 무기는 '회복탄력성'입니다. 이 책에서 다루는 7가지 무기 중 제일 중요한 무기라고 할 수 있습니다. 인간의 '사고'와 관련된 회복탄력성은 정신건강의학과 의사로서 청소년 여러분에게 추천하는 가장 강력한 무기입니다.

다들 회복탄력성에 대해 한 번쯤은 들어보셨을 겁니다. '회복력', '복원력', '마음의 용수철' 등으로 불리기도 하는 이 단어는 '물체가 원래 형태로 되돌아가려는 힘'을 뜻하는 물리학 용어에서 파생되었습니다. 정신건강의학과 심리학 분야에서는 '위축됐을 때 다시 일어서는 힘' 또는 '스트레스를 받았을 때 회복하는 힘'이라는 의미로 사용됩니다. 저는 이 회복탄력성을 '유연한 마음'이라고 부릅니다.

스트레스를 받는 상황에서 일일이 대응하지 않고 스쳐 지나가게 두는 것 또한 회복탄력성이라고 할 수 있습니다. 만약 누군가에게 신랄한 비판을 듣는다면 위축되거나 상처를 받을 수 있습니다. 하지만 회복탄력성이 높은 사람은 크게 상처나 스트레스를 받지 않은 상태로 차분하게 대응할 수 있죠. 설령 위축되는 일이 생기더라도 그 마음을 오래 가져가지 않습니다. 인간관계에서 문제가 생겨도 융통성을 발휘해 대응할 수 있습니다. 회복탄력성의 힘, 정말 대단하지 않나요?

✦✦

스트레스에 강해질 필요가 없다

 "전 순두부 멘탈이라 스트레스에 강해지고 싶어요."

제 유튜브 채널에서도 종종 '스트레스에 강한 멘탈을 갖는 방법을 알고 싶다'는 댓글이 올라옵니다. 멘탈이 약해서 고민일 수는 있겠지만 그렇다고 꼭 스트레스에 강해질 필요는 없습니다. 아니, 스트레스에 강해지면 안 됩니다. 지금부터 그 이유를 설명하겠습니다.

간혹가다 회복탄력성을 스트레스 내성으로 착각하는 사람들이 있는데요. 이 둘은 근본적으로 다른 개념입니다. 이해하기 쉽도록 투우에 비교해 보겠습니다. 거대한 소가 투우사를 향해 돌진합니다. 투우사는 빨간 천을 흔들며 달려오는 소를 피합니다. 소와 직접적으로 접촉하지 않았으니 투우사는 조금의 타격도 입지 않았을 겁니다. 이것이 바로 회복탄력성(유연한 마음)입니다. 반대로 소가 돌진해 오는 상황에서 정면으로 서서 방어하겠다며 강철로 된 방패를 쥐고 있었다면 어떻게 되었을까요? 쾅! 부딪히겠죠. 이것이 스트레스 내성입니다.

| 회복탄력성 | 스트레스 내성 |

스트레스에
강해지지
않아도 된다

처음 충격(스트레스)을 받은 당시에는 괜찮을 수 있습니다. 하지만 6개월, 1년이 넘도록 지속적인 충격을 받는다면 이는 결국 정신적인 문제로 나타납니다.

스트레스 공격을 받으면 빨간 천을 휘두르는 투우사처럼 피하세요. 소가 몇 번이고 돌진해 와도 충격을 받지 않을 테니까요. 이 '유연함'이 바로 회복탄력성입니다.

✦✦

민첩하면 공격을 피할 수 있다!

게임을 떠올리면 좀 더 쉽게 이해할 수 있습니다. 스트레스 내성은 'HP(체력)', 회복탄력성은 '민첩함'에 해당합니다. HP가 높은 전사는 상대에게 몇 번의 공격을 받아도 쉽게 방어할 수 있습니다. 하지만 물약이 다 떨어져서 막을 수 없거나, 성직자나 마법사가 회복 마법으로 도와주지 않으면 결국 쓰러지고 맙니다. 반면에 민첩함이 높은 검사는 치명상으로 이어질 만한 강력한 공격도 재빨리 피할 수 있기에 대미지가 없습니다. 선제 공격도 가능하고, 회심의 일격과 반격도 가능합니다.

최고 레벨의 '민첩함'을 가지고 있으면서 '얇은 검'을 사용하는 검사는 그야말로 최강입니다. 스트레스라는 몬스터와 싸울 때는 방패와 갑옷으로 방어 레벨을 높이는 것보다 민첩함을 키워 대응하는 쪽이 낫습니다. 인생을 편안하고 즐겁게 살기 위해서는 스트레스 내성이 아니라 회복탄력성을 높여야 한다는 점을 잊지 마세요.

◆◆

명문대를 졸업하고
대기업에 취업하면 정말 행복할까?

여러분에게 지금 공부를 열심히 해서 '명문 대학을 졸업한 뒤에 대기업에 들어가면 행복할 거야!'라고 말씀하시는 주변 어른들이 있나요? 이 말에 동의하는 친구들에게는 안타까운 이야기지만 인생은 절대 그것만으로는 행복해질 수 없습니다.

실제로 있었던 사례입니다. 학생 A는 들으면 누구나 아는 명문 대학을 졸업했습니다. 이후 경쟁률이 엄청난 대기업에 취업도 했고요. 주변 어른들은 물론, A의 지인들은 모두 그의 미래가 창창할 것이라고 확신했어요. 입사한 지 한 달쯤이 된 어느 날, A는 상사로부터 작은 업무 지적을 받았습니다. 심하게 혼난 상황도 아니었어요. 하지만 그때까지 부모님이나 선생님께 한 번도 지적을 받거나 혼난 적이 없었던 A는 정신적 충격이 심했는지 다음 날 출근을 하지 못했을 뿐더러 한 달 뒤에는 결국 회사를 그만두게 되었습니다.

"신입사원들은 보통 멘탈이 약해서 금방 그만두더라고요." 유명 증권회사의 신입사원들을 대상으로 진행된 심리 연수에 갔다가 담당자에게 들은 말입니다. "매년 100명을 채용하는데 그중두세 명은 1년 안에 휴직하거나 퇴사합니다. 이런 상황이 반복되는 이유를 알고 싶습니다."

그들은 분명 열심히 공부해서 명문 대학에 들어갔을 겁니다. 엄청난 경쟁률을 뚫고 대기업에 취업했을 거고요. 그런데 1년도 안 돼 멘탈이 무너져 회사를 관두고 맙니다. 다음에 들어간 회사에서 잘 지내면 다행이지만, 한번 정신적으로 무너진 사람이라면 원래 상태로 되돌아가기 어렵습니다. 왜 이런 안타까운 일이 일어날까요? 이유는 하나입니다. '회복탄력성'이 낮기 때문입니다.

✦✦

최강의 사회인으로 살아남는 힘

아무리 학력이 좋고 똑똑한 사람이라도 회복탄력성이 낮으면 사회인으로서의 삶에 적응하기 힘들어집니다. 혹시 누군가의 뛰어난 두뇌나 특출난 체력, 능숙한 대화 기술, 출중한 외모 등을 부러워한 적이 있나요? 사회인이 가져야 할 가장 중요한 능력과 자질은 '회복탄력성'입니다.

대부분의 사람들은 성인이 되면 회사에 취업을 합니다. 수입을 얻는 일은 생각보다 간단하지 않습니다. 실수해서 상사에게 지적받는 일은 사회인이라면 누구나 겪는 일입니다. 고객에게 직접 클레임이나 불만을 듣는 일도 있고요. 일을 못하는 사람은 동료들이 험담을 하고 일을 잘하는 사람은 시샘이나 질투를 받습니다.

결국 사회에 나간다는 건 게임 속 '던전'에 들어가는 것과 같습니다. 던전을 클리어할 때를 한번 떠올려 보세요. 모든 몬스터와 일일이 싸워서 이길 필요가 없다는 말입니다. 간발의 차로 피해 도망치기도 하고 때로는 파티원이 전멸하기 직전의 상황을 맞닥뜨리기도 합니다.

하지만 인생도 게임도, 이런 역경과 고난을 뛰어넘었을 때 재밌는 법이지요, 이때 반드시 꼭 필요한 무기가 '회복탄력성'입니다. 스트레스를 피할 수 있다면 인간관계를 고민할 일도 없습니다. 회복탄력성을 갖춘 사람은 어디에서도 최강의 사회인으로 살아갈 수 있습니다.

✦✦

회복탄력성이 낮은 사람들의 특징

사실 10대 때는 회복탄력성이 좀 낮아도 괜찮습니다. 청소년은 여러 가지 측면에서 보호받기 때문입니다. 가장 위험한 사람은 '중고등학생 시절 내내 우등생으로 지내고 명문 대학을 졸업한 사람'입니다.

실패하거나 좌절한 적도, 다른 사람에게 지적받거나 혼난 경험도 없이 순조롭게 학창 시절을 보낸 사람일수록 사회인이 되었을 때 어려움을 겪습니다. 회복탄력성이 없을 뿐더러 실패를 딛고 일어난 경험도 부족하기 때문입니다. 직장에서 발생하는 다양한 스트레스에 대처하지 못하고 곧바로 무너지게 됩니다.

지금까지 평온하게 지냈던 만큼 자존심도 강하기 때문에 다른 사람에게 고민을 털어놓거나 도움을 요청하지도 못합니다. 혼자서 끙끙 앓느라 스트레스와 고통은 점차 늘어나고 결국 멘탈이 완전히 무너져 회사에 갈 수 없는 지경에 이릅니다. 은둔형 외톨이가 될 가능성도 높아지지요.

한번 생긴 정신 질환은 쉽게 나아지지 않습니다. 재취업이나 사회에 건강한 멘탈로 복귀하는 것도 힘들 거예요. 결국 아무리 다른 능력이 출중해도 회복탄력성이 낮은 사람은 인생이라는 게임에서 실패하고 맙니다.

✦✦
여섯 명 중 한 명은 아픈 상태다

　멘탈에 관한 이야기를 하면 대부분은 본인과는 상관없는 일이라고 생각합니다. 제가 그동안 멘탈에 관한 강연이나 연수를 수도 없이 다니면서 관찰한 결과, 강연 초반에는 거의 모든 참가자가 '나와는 상관없는 내용이지만 일이라서 왔다'라는 표정을 짓고 있습니다. 하지만 이렇게 생각하고 말하는 사람일수록 멘탈이 쉽게 무너집니다. 평소에 멘탈과 생활 습관 관리를 게을리하기 때문이지요.

　살면서 정신건강의학과에 찾아가 진료를 받는 사람이 얼마나 된다고 생각하시나요? 몇몇 조사에 따르면 약 15%라고 합니다. 대략 여섯 명 중 한 명은 정신건강의학과에 다니고 있다는 소리죠. 낮다고 생각할 수 있지만, 이는 굉장히 높은 수치입니다. 사실 이 15%는 검진을 받는 사람의 수이기 때문에 실제로 우울증이나 불안·수면 장애를 겪고 있어도 정신건강의학과를 찾지 않는 사람은 포함되지 않은 수치입니다. 내과에서 수면제 처방을 받는 사람도 있고, 병원에 가지 않은 채 갑자기 죽는 사람도 있습니다.

후생노동성에서 발표한 '과로사 등 방지대책백서(2022년도)'에 따르면 취업자(9,852명)를 대상으로 '우울 경향, 불안'이 있는지 조사했더니 '없음'이 58.9%로 나왔습니다. 즉 41.1%는 이미 우울증 등의 정신 질환을 앓고 있다는 이야깁니다. 그중에서도 9.8%는 '중도 우울·불안 장애 의심'의 상태였습니다. 취업자 열 명 중 한 명은 아프다는 충격적인 결과입니다.

취업자를 대상으로 한 '우울 경향, 불안' 조사

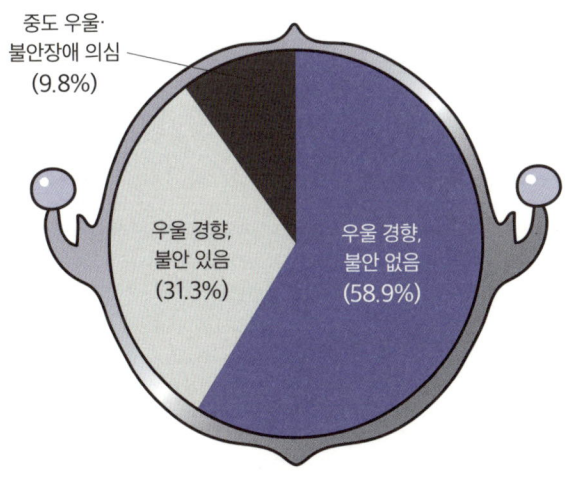

후생노동성 '과로사 등 방지대책백서' (2022년)

이미 많은 사람이 불안과 우울증을 겪고 있는 시대입니다. '나는 절대 멘탈이 무너지지 않는다'라고 확신할 수 있나요? 이것이 여러분이 스무 살이 되기 전에 회복탄력성을 높여야 하는 가장 큰 이유입니다.

◆◆
회복탄력성이 높은 사람의 미래

그렇다면 회복탄력성이 높은 사람의 사회생활은 어떤 모습일까요? 그들은 상사에게 지적을 받거나 크게 실패해도, 생각대로 일이 진행되지 않고 인간관계가 순탄하게 흘러가지 않아도 감정을 빠르게 전환할 수 있습니다. 어떤 상황에 노출되어도 자연스럽게 스트레스로부터 피해 갈 수 있죠. 게다가 논리적으로 상황을 되돌아볼 수 있기에 중립적인 시각으로 피드백이 가능해집니다. 실패를 경험으로 받아들이면 자기 성장에 점점 가속이 붙습니다.

또한 이런 사람은 주변의 신뢰를 받기 때문에 다른 사람들과의 협력도 쉬워집니다. 도움을 받으니 업무 능력도 상승하겠지요. 성취감에 매일을 즐겁게 보내며 원동력을 얻습니다. 재밌으니 유지할 수 있고, 즐거우니 집중할 수 있는 것입니다. 어떤 일을 꾸준히 하거나 노력하는 과정 자체가 즐거워졌다면 이는 자연스럽게 성과로 이어집니다.

공부도 마찬가지입니다. 공부에서 보람을 느끼는 순간 공부에 대한 스트레스가 사라지니 몸도 마음도 건강해집니다. 그야말로 최상의 컨디션이 됩니다. 우리가 꿈꾸는 행복이란 바로 이런 것이 아닐까요? 스트레스 없는 즐겁고 행복한 인생을 살고 싶다면 '회복탄력성'을 높여야 합니다.

회복탄력성을 높이는 3가지 방법

회복탄력성을 높이기 위해서는 어떻게 해야 할까요? 청소년들이 실천할 수 있는 3가지 방법을 소개하겠습니다.

방법1 100번 실패한다

정신건강의학과 의사로서 여러분에게 꼭 전하고 싶은 메시지는 '스무 살이 되기 전에 100번 실패하라!'입니다. 회복탄력성을 높이려면 일단 실패해야 합니다. 대부분의 사람들은 실패를 피해야 할 부정적인 것으로 여기지만 넘어져 본 적이 없는 사람은 절대 일어나는 방법을 알 수 없습니다. 100번 실패하면 100번

다시 일어날 기회가 생깁니다. 실패한 만큼 회복력은 단단해지겠죠. 회복탄력성을 높이는 데 이보다 좋은 방법은 없습니다.

누구나 실패하는 것에 불안과 두려움을 느낍니다. 유도 경기를 떠올려 보세요. 상대와 겨루면서 언제든 넘어갈 수 있다는 사실에 공포감이 들 수 있지만 그 공포감을 이겨내고 해야 할 일은 '낙법을 연습하는 것'입니다. 다치지 않으면서 충격을 최소한으로 줄이는 낙법을 잘하게 되면 넘어간다는 사실에 대한 불안과 공포감도 줄어들겠지요.

실패는 피드백을 통해 경험으로 전환한다

실패했을 때 주의할 점은 실패를 그대로 방치하지 않아야 한다는 것입니다. '왜 실패했는지', '왜 잘 안 됐는지', '왜 실수했는지', '왜 혼났는지' 등 냉철한 시각을 갖고 근본적인 원인을 스스로 찾아내야 합니다. 이는 같은 실패를 반복하지 않고 다음에 기회가 왔을 때 이를 활용할 수 있어야 하기 때문입니다. 우리는 이 과정을 보통 '피드백'이라고 부릅니다.

피드백 과정을 거친 실패는 경험이 됩니다. 경험치가 쌓이면 레벨 업이 되는 것이 게임의 기본 상식이죠. 레벨 업을 하기 위해서는 능력(파라미터)과 기술(스킬)을 높여야 하고 그러려면 던전에 들어가 적극적으로 움직여 경험치를 쌓아야 합니다. 실패는 경험의 자양분이니까요.

당신이 한 번 실패했을 때 경험치 100을 얻는다고 하면, 10번 실패하면 경험치 1,000이 되겠지요. 화면이 빛나면서 레벨 업이 이루어집니다. 그러니 얼마든지 실패해도 괜찮습니다. 아니, 실패해야 합니다. 단, 피드백은 필수입니다. 구체적인 피드백 방법에 관해서는 뒤에서 설명하겠습니다.

학생이기에 100번 실패할 수 있다

제가 실패해도 성장할 수 있다고 말씀드리는 건 여러분들이 아직 '10대'이기 때문입니다. 안타깝게도 성인에게는 해당되지 않습니다. 100번 실패할 수 있는 건 오직 '10대의 특권'입니다. 생각해 보세요. 직장인이 되어서 100번 실패하면 사회 생활이 힘들어지거나 동료들의 따가운 시선을 받아야 할 수도 있고, 회사에 막대한 손해를 끼칠 수도 있으니까요. 사회인이 된다는 건 실패와 실수에 대한 책임까지 함께 따라오기 때문입니다. 아무리 작은 실수였어도 회사 입장에서는 1억에 달하는 손실이 발생할 수도 있으니까요. 이런 대형 사고를 바로잡는 일은 쉬운 일이 아닙니다.

 "시험 점수가 최악이었어."

 "좋아하는 사람에게 고백했다가 차였어."

 "친구와 싸워서 관계가 나빠졌어."

하지만 청소년기의 실패는 언제든 바로잡을 수 있습니다. 물론 실패했다는 사실 자체로 실망할 수는 있겠지만 다른 사람을 끌어들이거나 회사에 손해를 끼치고 회복이 불가능한 상처를 주는 일은 없으니까요. 어릴 때는 굴러도 작은 상처로 끝나지만 나이가 들어 구르면 크게 다치는 법입니다. 그러니 10대만 누릴 수 있는 이 특권을 꼭 활용하시길 바랍니다. 지금이야말로 얼마든지 실패할 수 있는 절호의 찬스라는 걸 잊지 마세요.

스무 살이
되기 전에
100번 실패해라!

방법2 **제3의 선택지를 만든다**

‘성공/실패’, ‘좋다/싫다’, ‘YES/NO’ 등 두 개의 선택지 중에서 하나를 고르는 사고 패턴을 ‘흑백논리’라고 합니다. 정신건강의학과에서는 ‘이분법적 사고’라고 부르기도 하는데요. 쉽게 말하면 극단적으로 생각하는 것이지요. 이 흑백논리로 사고하는 사람들은 부정적으로 생각하는 경향이 강하기 때문에 정신 질환에 걸리기 쉽습니다. 예를 들어 100점이 만점인 시험에서 99점을 받았을 때 ‘1점을 실패했다’라고 생각하는 식이죠. 이런 사람이 ‘YES/NO’를 선택해야 하는 순간이 다가온다면 ‘NO’를 선택할 가능성이 높습니다. 모든 상황을 흑백논리로 판단하며 계속해서 ‘NO’를 외치다 보면 결국 멘탈에 문제가 생깁니다.

학교에 갈까? 말까? → 가기 싫다

살고 싶은가? 살기 싫은가? → 살기 싫다

우리가 여기서 알아야 할 것은 결과에는 ‘YES’와 ‘NO’ 이외에도 ‘보통’, ‘중간’, ‘그럭저럭’과 같은 다른 선택지도 존재한다는 사실입니다.

성공인가? 실패인가? → 이 정도면 그럭저럭 괜찮다

무언가를 판단할 때 '흑'인지 '백'인지가 아니라 '중간은 없는지'를 떠올려 보세요. 제3의 선택지가 눈앞에 나타나면 결과의 폭은 넓어집니다. '이만저만', '그럭저럭 괜찮아'라고 생각하면 부담감이나 자책할 일도 줄어듭니다. 흑백논리를 내려 놓는 순간 회복탄력성은 높아지고 인생은 편안해집니다.

제3의 선택지로 가능성은 무궁무진해진다

스스로 흑백논리에 빠질 것 같다고 느껴지는 순간이 오면 '다른 방법은 없을까?', '그렇지 않은 방법에는 뭐가 있을까?' 등을 혼잣말로 읊어보세요. 이 순간에 제3의 선택지를 떠올릴 수 있다면 여러분의 가능성은 무한으로 확장합니다.

수학적으로 접근해 보겠습니다. 2개의 선택지로 10번의 결정을 내렸다고 합시다. 그럼 결과는 2의 10승이고, 패턴은 $2 \times 2 \times 2 \times 2 \times 2 \times 2 \times 2 \times 2 \times 2 \times 2 = 1,024$개가 됩니다. 3개의 선택지로 10번의 결정을 내리면 3의 10승, 패턴은 59,049개가 됩니다. 다른 선택지를 고르는 것만으로 가능성이 58배 확장되었습니다.

100일 동안 하루에 한 번, 2개의 선택지 중에서 결정했다면 2의 100승(1.2×1030), 선택지가 3개라면 3의 100승(5.1×1047) 패턴입니다. 여기에 제3의 선택지까지 고려해서 결정한다면 흑백논리로 결정했을 때보다 '40경배'의 가능성을 불러옵니다. 비현실적인 숫자라 잘 와닿지는 않겠지만, 제3의 선택지를 생각하는 것만으로 인생의 가능성이 무한대로 확장한다는 걸 알려드리고 싶었습니다. 이런 사고의 과정을 거치는 것 또한 회복탄력성을 높이는 일종의 훈련입니다.

방법3 중립적(뉴트럴) 시각을 갖는다

🧙 "나는 매사에 너무 부정적인 사람이라 좀 긍정적으로 생각하고 싶어."

최근에 이런 말을 하는 사람들도 늘었습니다. 물론 긍정적으로 생각하는 것은 좋은 태도이지요. 하지만 긍정적이지 않다고 해서 자책할 필요는 없습니다. 일부러 긍정적으로 생각하는 것보다 선입견이나 편견 없이 보는 태도가 더 중요하기 때문입니다. 우리에게 중요한 목표는 '매사에 긍정적인 자세'가 아닌 '공평하고 냉철하게 바라볼 줄 아는 중립적 시각을 갖는 것'이니까요.

누군가를 처음 만났을 때 그 자리에서 '좋다/싫다'로 판단하는 건 쉽습니다(흑백논리). 하지만 여기에서 끝나지 않고 '더 이야기해보고 판단하자'라고 생각하는 자세가 중립적 시각입니다. 중립적 시각이 중요한 이유는 제공되는 정보가 적을수록 잘못된 판단을

그만저만,
그럭저럭이어도
괜찮아

내릴 가능성이 높아지기 때문입니다. '지금 바로 판단하지 말고 정보를 더 모아보자', '지금 좀 흥분했으니 진정하고 다시 생각해 보자'라는 식의 태도는 올바른 판단을 내리는 데 도움이 됩니다.

선입견을 없애는 것도 중요합니다. 선입견은 뇌에 올바른 정보를 입력하는 데 방해가 되기 때문인데요. '괜찮다/괜찮지 않다', '좋다/싫다' 등의 결정은 정보를 충분히 얻은 뒤 마지막에 판단하면 됩니다. 무언가를 결정할 땐 객관적인 시각으로 전체를 바라볼 줄 알아야 합니다.

중립적인 시각과 태도를 갖기 위해 청소년이 할 수 있는 쉬운 방법 3가지도 알려드리겠습니다.

1. 일기를 쓴다

가장 효과가 좋은 방법은 '아웃풋'입니다(260쪽 참고). 아무리 많이 생각해도 아웃풋을 하지 않으면 절대 객관적인 시각을 가질 수 없습니다. 여러분이 실천할 수 있는 가장 쉬운 아웃풋 훈련으로는 '일기 쓰기'가 있습니다. 오늘 하루 동안에 있었던 일을 되돌아보는 건 결국 자신을 마주하는 일이므로, 자기 통찰력을 높이는 일입니다. 일기를 쓰는 행위는 평소 흑백논리로 부정적인 생각을 하고 있던 스스로의 모습을 깨닫고 피드백까지 할 수 있

두 번째 무기 ◆ 회복탄력성

는 훌륭한 아웃풋 훈련 수단입니다.

2. 아웃풋 사이클을 돌린다

아웃풋 다음은 피드백입니다. '인풋 → 아웃풋 → 피드백' 이 사이클을 돌리는 과정은 회복탄력성을 기르는 최고의 훈련법입니다. 이 사이클 훈련에서 우리는 넘어졌을 때 다시 일어서는 연습을 할 수 있습니다. 아웃풋을 할 때마다 피드백을 병행한다면 어느새 중립적인 시각과 자세가 몸에 자연스럽게 새겨질 것입니다.

3. 욕하지 않는다

주변에 욕하는 걸 좋아하는 친구가 있나요? 보통 욕을 하면 스트레스가 풀린다고 하지만 사실 욕을 하는 행위는 오히려 스트레스를 일으키는 원인입니다. 하면 할수록 나쁜 점이나 부정적인 것들만 찾아내려고 하기 때문에 스스로 자기 긍정감을 낮추기까지 하지요. 여러분은 누군가를 욕하는 대신 칭찬이나 격려, 응원, 친절한 말, 장점을 건네주면 어떨까요? 인간관계도 좋아지고 자기 긍정감도 올라갈 테니 일석이조입니다.

욕은 절대
안 돼요

···정리···

① 회복탄력성이 낮은 사람은 정신적인 충격을 쉽게 받는다.

② 회복탄력성이 높은 사람은 큰 스트레스 없이 즐겁게 살아간다.

③ 어릴 때 100번 실패하자. 실패는 피드백을 거쳐 경험으로 바꾸자.

④ 넘어져도 다시 일어서면 된다. 많이 뒹굴고 다시 일어서는 힘을 기르자.

⑤ 흑백논리는 그만! 제3의 선택지를 만들어라.

⑥ 선입견을 버리고 중립적인 시각을 가지면 가능성이 커진다.

⑦ 욕은 절대 금물! 욕은 자기 긍정감을 떨어뜨린다.

세 번째 무기

제어력

목표설정

세 번째 무기: 제어력

스마트폰과 게임에
잠식되지 마라

지금부터 하려는 이야기는 여러분이 듣기 싫어하는 내용일 수도 있습니다만 이 책에서 가장 중요한 부분이니 끝까지 읽어주시길 바랍니다. 그래야 '제어력'이라는 최강의 무기를 챙겨갈 수 있으니까요.

◆◆

당신은 이미 스마트폰 중독이다

어른이 되기 전에 익혀야 할 세 번째 무기는 바로 '제어력'입니다. 이 무기는 과녁을 겨냥한 뒤 날카롭게 쏘는 '활'을 연상케

하는 능력이지요. 스스로를 제어할 수 없는 사람은 인생을 헛되이 보낼 수밖에 없습니다. 몇 시간 동안 스마트폰과 게임을 놓지 못하는 사람이 공부에 얼마나 집중할 수 있을까요? 공부 시간이 줄어들기 때문에 성적이 떨어지는 건 당연한 일이겠죠. 수면에도 영향을 미칩니다. 수면 시간이 부족해지면 몸과 마음이 불균형해지고 블루라이트(액정에서 나오는 강한 빛)의 영향으로 수면의 질 또한 떨어집니다. 피로하기 때문에 모든 일에 의욕도 사라지고 학교에도 가기 싫어지겠죠. 그렇게 점점 늪에 빠지게 됩니다.

'에이, 나는 그 정도는 아니야!'라고 생각하나요? 안타깝게도 10대의 대다수는 이미 스마트폰과 게임 중독 직전입니다. 한 조사에 따르면 5시간 이상 인터넷을 이용하는 고등학생은 54.4%라고 합니다(어린이가정청, 2023년). 개인적으로는 스마트폰을 가진 고등학생의 절반은 이미 '중독자'이거나 '고위험군'이라고 생각합니다.

지금도 본인의 의지로 스마트폰을 사용하고 있다고 생각하나요? 스마트폰과 게임 때문에 학습과 수면 시간이 줄어들었다면 이미 스마트폰에 조종당하는 상태입니다. 멈추고 싶지만 멈추지 못하고, 잠시 손에서 놓더라도 무의식적으로 다시 찾으니 조건반사 수준이죠. 정신건강의학과에서는 이런 상태를 '중독'으로 보고 있습니다. 현재 비슷한 증상을 겪고 있다면 당신은 '스마트폰 중독'입니다.

고등학생의 절반이 스마트폰에 지배당한다

청소년 인터넷 이용 환경 실태조사에 따르면 고등학생의 하루 평균 인터넷 사용 시간은 '6시간 14분'으로, 조사를 시작한 이래 최장 시간을 기록했습니다. 게다가 1년 전과 비교하면 29분이나 증가했고요. 주로 컴퓨터가 아닌 스마트폰으로 인터넷을 사용하니 지금부터는 '인터넷 이용 시간=스마트폰 이용 시간'으로 표현하겠습니다.

앞서 5시간 이상 스마트폰을 사용하는 고등학생이 54.4%라고 말씀드렸습니다. 과반수가 넘는 학생이 학교에서 집으로 돌아온 뒤 공부, 식사, 샤워 이외의 시간에 스마트폰을 손에 쥐고 있었다고 볼 수 있겠네요. 어쩌면 식사할 때나 공부할 때도 스마트폰을 흘깃흘깃 봤을 수도 있고요.

같은 조사에 따르면 스마트폰 이용 시간이 5시간 이상인 사람이 54.4%, 3시간 미만인 사람은 18.6%, 9시간 이상인 사람은 18.8%였습니다. 9시간 이상이면 스마트폰 중독에서도 '중증'으로 의심됩니다. 결론적으로 5시간 이상 사용하는 두 사람 중 한 명은

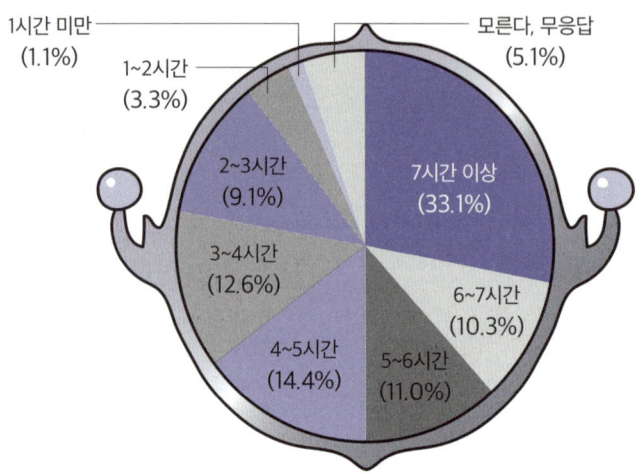

고등학생들의 인터넷 사용 시간

(1~2시간 : 1시간 이상 2시간 미만)

1시간 미만
(1.1%)

1~2시간
(3.3%)

모른다, 무응답
(5.1%)

2~3시간
(9.1%)

7시간 이상
(33.1%)

3~4시간
(12.6%)

6~7시간
(10.3%)

4~5시간
(14.4%)

5~6시간
(11.0%)

어린이가정청 '청소년의 인터넷 이용 환경 실태조사' (2023년도)

'고위험군', 다섯 명 중 한 명은 스마트폰 중독 중증에 속한다는 이야기지요.

2017년 후생노동성 연구반이 발표한 데이터에 따르면 스마트폰 중독으로 의심되는 고등학생 중 남학생은 13.2%, 여학생은 18.9%였습니다. 최근 자료일수록 스마트폰 중독자 비율은 높아집니다. 효고현립대학의 조사(2020년)에서는 고등학생의 스마트폰 중독 비율을 28.5%라고 보고했습니다. 고등학생의 약 30%는 이미 인터넷에 중독된 상태이며, 중독 직전의 고위험군까지 포함하면 70%가 위험한 수준입니다. 현재 본인의 스마트폰 사용 시간은 몇 시간인가요? 정말 괜찮은지 곰곰이 생각해 보길 바랍니다.

◆◆

스마트폰 적정 사용 시간은?

그렇다면 스마트폰의 적정 사용 시간은 몇 시간일까요? 한 연구에 의하면 '스마트폰을 2시간 이상 사용했을 때 우울증 발병 위험이 커진다'는 보고가 있었습니다. '두뇌 트레이닝'으로 유명한 도호쿠대학 가와시마 류타川島隆太 교수는 '3시간 이상 스마트

적절한 스마트폰 사용 시간은?

3시간 이상
학습 기능 장애, 정신 장애

3시간 미만
경계선

2시간 이내
안전

폰을 만지며 공부하는 사람은 아무리 공부 시간을 늘려도 학습 효과가 없다'는 연구 결과를 밝혀냈습니다(126쪽 참조).

스마트폰을 오래 사용할수록 성적이 떨어지는 것은 당연한 이야기이고요. 우리가 심각하게 받아들여야 할 부분은 스마트폰의 과다 사용이 주의력이나 집중력 저하 등 뇌의 정상적인 기능을 파괴할 가능성도 있다는 점입니다.

최소로 사용하는 게 좋겠지만 적정 사용 시간을 굳이 정하자면 2시간 이내라고 할 수 있겠네요. 3시간 미만도 아슬아슬합니다. 3시간이 넘어가면 그때부터는 뇌와 감정이 손상되기 시작합니다.

◆◆
스마트폰이 위험한 진짜 이유

'스마트폰이 없으면 친구들이랑 얘기를 못 하잖아.', '재밌는 걸 갖고 놀겠다는데 뭐가 나쁘다는 거야?'라고 생각하는 친구들도 있겠죠. 하지만 전 세계 각국에서 스마트폰의 단점에 관한 연구들이 진행되고 있으며 이미 과학적으로도 밝혀진 이유들도 많습니다. 스마트폰이 왜 위험한지 15가지 이유를 알려드리겠습니다.

스마트폰이 위험한 15가지 이유

① 집중력과 주의력이 떨어지고 공부와 업무의 효율이 저하된다.

② 수면 시간이 줄어들어 수면의 질이 나빠지고 수면 장애를 겪는다.

③ 학습 의욕뿐만 아니라 생활하는 데 있어서 전반적으로 의욕이 저하되어 무기력해진다.

④ 불안과 분노가 증가하는 등 감정이 불안정해진다.

⑤ 성적이 떨어진다.

⑥ 대화 기술이 부족해 인간관계가 악화된다.

⑦ 우울증, 불안 장애 등에 걸릴 위험이 높아진다.

⑧ 뇌의 활동이 저하된다(전두엽 기능 저하, 억제성 신경전달물질 GABA 감마아미노낙산, γ-AminoButyric Acid의 저하 등).

⑨ 학교에 갈 수 없게 된다(등교 거부, 은둔형 외톨이의 원인).

⑩ 자살률이 높아질 가능성이 있다.

⑪ 행복지수가 떨어진다.

⑫ 눈이 쉽게 피로해지고 시력이 저하된다.

⑬ 등이 굽고 자세가 나빠져 일자목, 거북목 등이 된다.

⑭ 장시간 앉아 있어 운동 부족으로 이어진다(한 시간 동안 계속 앉아 있으면 수명이 22분 단축된다).

⑮ 쉽게 유혹에 빠지고 중독된다.

스마트폰은 당신의 뇌를 '파괴'한다

저는 수면, 운동, 아침 산책 이 3가지를 건강을 위한 원리원칙으로 제시합니다. 오랜 시간 스마트폰을 사용하면 수면 시간이 줄어드는 것은 물론 계속 앉아 있거나 누워 있으니 운동량도 부족해지겠죠. 심하게는 밤을 새우기도 하니 규칙적인 생활(아침 산책)도 불가능해집니다. 스마트폰 사용은 모든 면에서 건강과는 정반대에 있다고 봐도 무방할 정도로 나쁜 생활 습관입니다.

아직 건강한 신체를 가진 여러분들에는 잘 와닿지 않을 수 있습니다. 그렇다면 지금 잃어버렸을 때 가장 곤란할 만한 것을 말해볼까요? 예를 들어 '성적'이나 '인간관계' 같은 것들이요. 스마트폰을 오래 사용할수록 성적이 떨어진다는 상관관계를 그래프로 보여드리겠습니다.

다음 그래프를 통해 스마트폰을 보면서 3시간 공부한 사람과 스마트폰 없이 30분 이하로 공부한 사람의 편차가 거의 없음을 알 수 있습니다(사카키 고헤이 《스마트폰은 어디까지 뇌를 망가뜨릴까スマホはどこまで脳を壊すか》). 스마트폰은 책상 위에 있는 것만으로도 집중력을 빼앗고 암기를 방해합니다. 스마트폰을 많이 사용하면 바보가 된다고 해도 과언이 아니지요. 실제로 '해마(기억에 관여하는 부위)

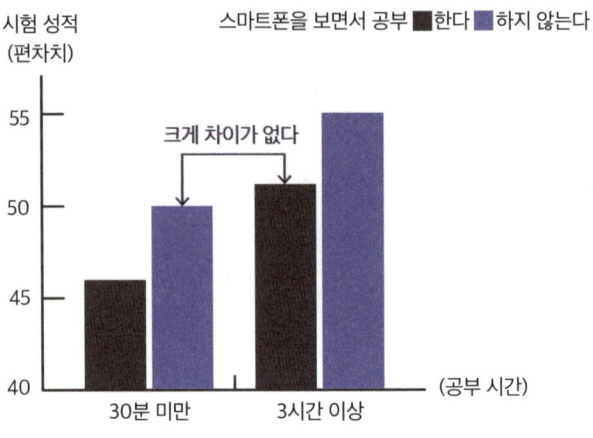

스마트폰 사용과 성적의 상관관계

시험 성적
(편차치)

스마트폰을 보면서 공부 ■한다 ■하지 않는다

크게 차이가 없다

55

50

45

40

30분 미만   3시간 이상   (공부 시간)

《스마트폰은 어디까지 뇌를 망가뜨릴까》中

수축', '전두엽의 혈류저하', '억제성 신경전달물질GABA의 활동 감소' 등 스마트폰으로 인해 뇌의 움직임이 저하된다는 과학 연구 결과도 보고되었습니다.

청소년기는 뇌와 신체의 성장기 골든타임이라고 앞에서도 말씀드렸습니다. 이렇게 중요한 시기에 고등학생의 70%가 스마트폰으로 뇌를 망치고 있는 게 현실입니다. 뇌 뿐만 아니라 감정 영역에도 나쁜 영향을 미칩니다. 스마트폰을 오래 사용할수록 분노와 불안은 커지고 대화하는 능력은 떨어집니다.

스마트폰이
뇌를 파괴한다

메신저로 이야기하다가 사소한 말로 친구의 기분을 상하게 만들어 싸운 적은 없나요? 작은 오해가 커져 비난을 당하거나 친구와의 관계가 완전히 틀어지기도 합니다. 친구와 잘 지내려고 몇 시간 동안 메시지를 주고받은 건데 말이죠. 이처럼 스마트폰은 오래 사용할수록 인간관계까지 악화됩니다(해결 방법은 172쪽 참고). 여러분에게 지금 가장 중요한 '건강', '연결 고리(친구)', '성적(성공, 달성)'을 스마트폰에 뺏기지 않도록 늘 주의해야 합니다.

◆◆
학교 내 스마트폰 사용 금지

2023년 7월, 유엔교육과학문화기구 유네스코UNESCO는 '학생들의 과도한 스마트폰 사용은 성적에 악영향을 끼치고 교실과 가정에서의 학습활동에 지장을 줄 가능성이 있다. 장기간 디바이스를 사용하면 호기심이 줄어들고 불안감이 상승하는 등 정신건강의 악화로 이어진다'라는 내용의 보고서를 모아 학교 내 스마트폰 사용을 금지하자는 의견을 제시했습니다.

이 보고서에 의하면 이미 4개국 중 한 국가는 학교 내 스마트폰 사용을 전면 금지하거나 제어하는 법률과 정책을 펼쳤다고 합니다. 실제로 미국의 70%가 넘는 주州와 영국, 프랑스, 네덜란

드, 스웨덴 등에서는 학교에 스마트폰을 갖고 오지 못하게 하거나 사용 자체를 금지하는 법률이 실시되고 있습니다. 법률로 금지한다는 건 청소년들의 성장과 발달, 성적에 악영향을 끼치는 과학적 증거가 충분히 쌓여 있다는 말이죠.

여기에서 말한 스마트폰의 위험성은 10대뿐만 아니라 성인에게도 마찬가지로 적용됩니다. 이 책을 보는 여러분은 '스마트폰이 뇌를 파괴한다'라는 세계의 상식을 깨달았길 바랍니다.

◆◆

스마트폰, 게임도 결국 병이다

2022년 정신건강의학과 진료 기준에 새로운 병명이 추가되었습니다. 바로 '게임 중독 장애'입니다.

[게임 중독 장애]

- 게임하고 싶은 충동을 제어할 수 없게 된 상태.
- 게임에 과하게 빠져 사회 활동에 지장을 일으키는 상태.

후생노동성 조사에 의하면 인터넷 중독으로 의심되는 사람 중 성인이 약 421만 명, 중고등학생은 약 93만 명으로 추정됩니다. 그중의 90%는 '게임 중독 장애'로 분류됩니다. 일본의 중고등학생 수가 약 600백만 명이니 실제로는 6.5명에 한 명이 인터넷 중독인 셈이죠. 여학생은 주로 채팅에, 남학생들은 게임에 빠지는 경향이 많습니다. 물론 스마트폰도 게임도 시간을 정해두고 적절하게 즐기는 건 괜찮습니다. 하지만 자신도 모르는 사이에 자제력을 잃고 끝없이 빠지기 때문에 큰 문제가 되는 것이죠.

◆◆

도파민 대폭주, 누구라도 중독된다

여러분의 의지가 약하다고 책망하려는 건 아닙니다. 청소년들은 성인보다 쉽게 중독에 빠지기 때문입니다. 왜 그런 걸까요? 중독은 '보상 회로'라고 불리는 도파민 신경계가 폭주하는 것인데요. 즐겁고 재밌는 일을 하면 '3대 행운 물질' 중 하나인 도파민이 분비되면서 심장이 두근거리는 고양감과 함께 행복감도 생겨납니다. 여기까지는 괜찮지만 행복을 향한 '강한 욕구'가 일어날 때 문제가 됩니다. 도파민의 폭주가 시작되는 순간이죠.

'더 원한다'는 '더, 더 원한다'로 진화합니다. 그리고 점차 속

도가 붙습니다. 한 가지 다행인 점은 인간의 뇌에는 도파민의 폭주를 막기 위한 브레이크도 있다는 겁니다. 이 브레이크를 '억제계'라고 부릅니다.

백화점에서 장난감을 사달라며 울고 보채는 어린아이를 본 적이 있나요? 아직 억제계가 발달하지 않았기 때문에 참거나 스스로 제어할 수 있는 능력이 낮아서 일어나는 행동입니다. 10대의 뇌도 마찬가지입니다. 아직 완전히 성장한 상태가 아니기 때문에 전전두엽 피질이 제어하는 억제계의 신경, 즉 중독 브레이크가 충분히 걸리지 않는다는 이야기입니다.

스마트폰에 중독되지 않으려면 어떻게 해야 할까요? 제가 추천하는 방법은 '작은 브레이크'를 밟는 것입니다. '게임은 3시간 이하로 한다', '밤 10시 이후에는 이용하지 않는다'와 같이 스마트폰과 게임 이용 시간에 제한을 두면 됩니다. 소소한 규칙과 제약 사항을 지켜나가면 도파민의 폭주와 중독을 막을 수 있습니다.

도파민은 '좀 더, 좀 더'라는 욕구를 부르는 물질입니다. 스마트폰과 게임을 더 하고 싶다는 충동을 느꼈다면 이미 뇌에서는 도파민이 폭주하고 있는 상태입니다. 알코올 중독으로 인생을 망친 사람의 이야기나 위법 약물을 복용해 체포되는 연예인이 나오는 뉴스를 보면 어떤 생각이 드나요? 나와는 전혀 상관이 없는 일이라고 생각했나요? 대수롭지 않게 여길 수 있지만 사실 중독 장애는 '도파민의 폭주' 때문에 일어난답니다. 따라서 스마트폰이나 게임 중독에 빠진 사람은 향후 알코올이나 약물 등의 중독에도 빠질 가능성이 높습니다.

그러니 여러분은 지금부터 작은 브레이크를 걸 수 있는 힘, '제어력'을 반드시 몸에 장착해야 합니다. 이때 만들어두지 않으면 인생 전체가 망가질 수 있습니다. 오늘부터 '3시간 이내로 사용'이라는 규칙을 지켜 스마트폰을 사용해 보세요. 아직 불안전한 뇌의 브레이크를 '제어력'이 대신해 줄 겁니다.

스스로
규칙을 만들어
브레이크를 걸자!

스마트폰 사용을 제어하는 3가지 방법

스마트폰 사용을 제어한다는 건 곧 시간을 제어한다는 말이고 인생을 제어한다는 의미입니다. 스마트폰에 지배당한 사람이 자기 인생을 제어할 수 있을 리 없으니까요.

스마트폰 사용 제어는 지금 소개하는 3가지 방법으로 시작해 보세요. 어렵지 않습니다.

방법1 사용 내역을 기록한다

자신의 어떤 행동이나 나쁜 습관을 바꾸고 싶으면 '기록'을 시작하세요. 기록은 행동을 시각화하는 작업이기 때문에 객관적으로 바라볼 수 있는 가장 효과적인 방법입니다. '레코딩 다이어트'라는 유명한 다이어트 방법이 있는데요. 말 그대로 모든 식사를 기록하는 방법입니다. 먹은 음식을 떠올리고 구체적으로 기록하는 것만으로 스스로 '너무 많이 먹었다!'라고 깨달을 수 있지요.

우리는 이 방법을 스마트폰에 적용해 보겠습니다. 우선 빈 종이 한 장을 준비해 스마트폰 이용 시간과 이용 내역을 기록합니다. 이용 시간을 알려주는 기능인 '스크린 타임'을 설정해 두면 구체적인 앱 이용 시간을 알 수 있습니다. 왼쪽에는 앱 이용 시간을, 오른쪽에는 이용 목적, 즉 사용 내역을 적고 중요도를 4단

스마트폰 이용 시간 기록 작업 예시

이용 시간	이용 내역
LINE 120분	친구와 이야기하기 ◎
쇼츠 60분	나도 모르게 봤다 X
유튜브 60분	30분은 항상 보던 채널 ○
	30분은 어쩌다 보니 시청함 X
영상 60분	두 편. 40분. 좋아하는 애니메이션 ○
	한 편. 20분. 최근에 유행하는 애니메이션 △

◎ 꼭 필요   ○ 적당히 필요   △ 보통   ✕ 있어도 그만 없어도 그만

계로 평가합니다.

중요도를 평가하는 기준은 여러분의 생각을 바탕으로 정해도 괜찮습니다. 예를 들어, 친구들이 있는 그룹 채팅방에서 말을 하지 않으면 무리에서 멀어질 수 있으니 [◎]로 표시합니다. 좋아하는 애니메이션이나 매주 업데이트를 기다리는 유튜브 채널, '꼭 봐야 해!', '안 보면 손해', '나한텐 중요한 거야!'라고 여기는 것들은 [○]로 표시하는 식이죠. 최근 유행하는 애니메이션이지만 굳이 안 봐도 된다면 [△], 틱톡이나 인스타그램에 뜬 영상을 우연히 봤다면 [✕]로 표시합니다.

이런 방식으로 기록하다 보면 스스로 깨닫게 됩니다. '친구와의 소통은 중요해. 하지만 1시간 넘게 쇼츠를 보는 건 시간 낭비야'라고 말이죠. 내 시간은 '꼭 필요한 일'과 '즐거운 일'에 사용하는 게 먼저입니다. 그러므로 가장 먼저 목적이 없는 [×]를 줄입니다. 이것만으로 스마트폰 이용 시간의 3분의 1이 줄어들 것입니다. 다음에는 [△]를 줄이도록 노력해 보세요. 우리의 시간은 한정된 자원입니다. 소중한 시간을 목적이 없는 일이 아닌 여러분의 인생에서 중요한 일에 사용하길 바랍니다.

방법2 규칙을 정한다

사람들은 왜 이렇게 스마트폰을 많이 사용할까요? 바로 '무제한' 사용이 가능하기 때문입니다. 인터넷 사용에 규칙을 정한 집은 그렇지 않은 집에 비해 평균 이용 시간이 94.5분이나 짧았습니다(어린이가정청 2023년). 규칙을 정하고 지켜나가면 과하게 사용할 일도 없습니다. 저는 여러분에게 다음 3가지 규칙을 추천합니다.

1. 저녁 10시 이후에는 사용하지 않는다(제한 시간)

잠들기 30분 전을 스마트폰 제한 시간으로 정하세요. 예를 들어 밤 11시에 잔다면 10시 30분이 스마트폰 사용을 멈출 시간입니다. 잠들기 전에 스마트폰은 되도록 하지 않는 게 좋습니다. 액정에서 나오는 블루라이트는 오전 중 파란 하늘과 같은 파장이라서 자기 직전에 보면 뇌가 아침이라고 착각하게 됩니다. 편안하게 잠들 수 없고 불면증으로 이어집니다. 잠을 제대로 못 자니 체내시계도 틀어지고 피로는 계속 쌓여갑니다.

2. 공부할 때는 근처에 스마트폰을 두지 않는다

스마트폰이 책상 위에 올려져 있는 것만으로도 집중력은 떨어집니다. 스마트폰을 보면서 공부하는 건 학습 효과가 제로라고 생각하면 됩니다. 공부할 때만이라도 스마트폰을 멀리하세요. 스마트폰 사용 시간을 일부러 줄이지 않더라도 집중력은 자연스럽게 올라갑니다. 방이 아닌 거실에 두고 충전하거나 부모님에게 맡겨두는 것도 좋은 방법입니다.

3. 하루에 3시간 이상 사용하지 않는다

무엇보다 사용 시간의 상한선을 정해놓는 게 중요합니다. 처음부터 완벽하게 지키지 않아도 괜찮습니다. 요즘에는 앱으로 스마트폰 사용 시간을 제한할 수도 있으니 적극적으로 활용해보세요. 상한선에 다다르면 스마트폰 중독이라는 사실을 스스로 깨달을 수 있으니까요.

방법3 **스마트폰보다 즐거운 일을 찾자!**

최근에 게임 중독 장애 전문가와 이야기를 나눌 기회가 있었습니다. "하루에 10시간 이상 게임에 빠져 있는 고등학생도 치료가 될까요?"라는 저의 질문에 그는 "됩니다. 게임보다 즐거운 일을 찾으면 자연스럽게 게임을 덜 하게 되니까요"라고 답했습니다. 그렇습니다. '게임보다 즐거운 일', '스마트폰보다 즐거운 일'이 있다면 중독에서 쉽게 벗어날 수 있습니다. 즐거운 일에는 여러 가지가 있지만, 제가 추천하는 건 '현실 속 인간관계'와 '몰입할 수 있는 '취미', '독서', '아웃풋' 등입니다.

현실 속 인간관계에서 얻는 치유

저는 여러분이 메신저를 통한 대화가 아닌 친구나 동료의 얼굴을 마주 보고 이야기하는 시간을 소중히 여겼으면 합니다. 3시간 동안 메시지를 주고받는 방식보다 30분 동안 얼굴을 보고 대화하는 방식이 훨씬 돈독한 인간관계를 만들기 때문입니다. 실제로 친구를 만나면 애정이나 우정이 깊어지고 그로부터 행복감을 생성하는 뇌의 행복 물질인 '옥시토신'이 분비됩니다. 단순히 메시지만 주고받는 행위로는 옥시토신이 분비되지 않습니다.

소중한 친구와의 우정을 지키고 싶다면 스마트폰을 놓아주세요. 그리고 친구를 만나 '정신건강의학과 의사이자 유튜버인 가바사와라는 아저씨가 얼굴을 보고 이야기하는 게 인간관계에 도움이 된다고 했어. 스마트폰을 많이 하면 뇌와 감정, 인간관계까지 망칠 수 있대'라고 말해주면 어떨까요?

✦✦

제어력은 자신감과 행복의 원천이다

 "저한테 자신이 없어요."

 "자신이 없어서 사람들이랑 이야기하기가 어려워요."

제어력은 심리학에서 말하는 '자기 효능감'과 깊은 관련이 있습니다. 자기 효능감은 '나라면 할 수 있다', '반드시 잘 된다'라는 감정인데요. 자기 효능감이 높은 사람은 자신감이 있기 때문에 새로운 일에 도전하거나 실패하는 것을 두려워하지 않습니다. 자기 효능감이 높아질수록 100번 실패할 용기가 솟아나는 것이지요. '할 수 있다!'와 같은 감각이 생긴 뒤에는 '자기 긍정감'도 올라갑니다. 자기 긍정감은 행복과 기뻐하는 마음을 일으키는 중요한 감각입니다.

결국 제어를 잘하는 것만으로 모든 일이 순조롭게 풀린다고 할 수 있습니다. 스마트폰을 보고 싶은 마음과 게임을 하고 싶은 유혹을 스스로 이겨내 보세요. 그래야 여러분의 인생에서 가장 중요한 순간에 이 소중한 시간을 사용할 수 있습니다. 제어력을 가진 사람만이 결국 인생이라는 난도 높은 던전에서 흔들리지 않고 나아갈 수 있습니다.

뭐든 잘된다 제어력↑	모두 잃는다 제어력↓
성적 향상	성적 부진
자기 효능감↑	수면 부족
자신감↑	운동 부족
자기 긍정감↑	멘탈 악화, 자살률↑
인간관계 양호	중독
행복감↑	인간관계 악화
	행복감↓

···정리···

① 고등학생의 70%는 스마트폰 중독(혹은 고위험군)
이다.

② 스마트폰과 게임을 많이 하면 인생을 망친다.

③ 과도한 스마트폰 사용은 뇌를 파괴한다.

④ 책상 위에 스마트폰이 있는 것만으로 공부 효과
는 사라진다.

⑤ 스마트폰 이용은 하루 3시간 이하를 목표로 잡
아라.

⑥ 메시지를 주고받는 인간관계보다 직접 만나는
인간관계를 소중히 여겨라.

⑦ 스마트폰보다 즐거운 일을 찾자.

⑧ 제어하는 능력이 있으면 자신감이 붙는다!

STEP 2

연결하기

네 번째 무기

대인관계력

연대

진심을 전하고 상대의 생각도 받아들인다

✦✦

코로나19로 잃어버린 3년을 되찾자

"코로나19가 유행한 3년 동안 소풍이랑 수학여행도 중단됐었어. 친구들과 즐거운 추억도 만들지 못하고 시간만 흘려보낸 것 같아."

정신건강학과 의사인 제가 생각하는 코로나19 시기는 '대화가 단절된 3년'입니다. 사실 청소년들이 친구와 놀고 떠드는 것, 동아리나 서클(동호회)에서 임원으로 활동하며 협동심을 기르는 것,

소풍이나 수학여행을 즐기는 것 모두 '대화하는 연습'이기 때문입니다. 학교에서 인간관계가 어긋나며 부정적인 감정을 느끼는 것도, 친구들과 말다툼하거나 싸우는 것마저도 대화하는 연습이며 회복탄력성을 훈련하는 일이지요.

학교는 '불특정 다수'가 모이는 장소입니다. 그 사이에서 집단생활을 하니 즐거움과 괴로움이 공존할 수밖에 없습니다. 때로는 자유롭지 못하고 귀찮은 상황도 있지요. 하지만 사회에 나가서 겪는 인간관계는 이보다 몇 배로 힘듭니다. 여러분이 상상하는 것 이상이지요. 이럴 때 필요한 기술이 '대화 기술'입니다. 사회인이 되기 전에 대화 기술을 연마하는 곳이 바로 학교이고요. 그런데 코로나19를 겪은 여러분은 지난 3년간 즐거운 추억을 쌓을 기회뿐 아니라 대화를 연습할 기회마저 빼앗기고 말았습니다.

✦✦
대인관계력은 살아가는 힘이다

최근 직장 내에서 '사람들과 어울리기 힘들다', '인간관계로 괴롭다', '회사에 나가기 싫다' 등의 이유로 힘들어하는 성인들이 늘어났습니다. 직장 스트레스의 90%는 인간관계가 원인이라고 합니다. 스트레스가 쌓이면 정신 질환으로 이어지고 일을 쉬거나 아예 그만두게 되겠지요. 새 직장에 가서도 적응하지 못하고 계속해서 정신적으로 힘들어한다면 사회생활은 점점 고난에 빠지게 됩니다.

출항 준비를 제대로 마치지 않은 배가 바다에 나가면 어떻게 될까요? 조난되거나 난파되기 쉽겠죠. 최악의 상황에는 침몰할 수도 있습니다. 사회를 향한 출항도 철저한 준비를 마친 뒤 진행해야 합니다. 여기서 말하는 준비는 앞서 소개한 정비력, 회복 탄력성, 제어력을 말합니다. 그리고 이번 장에서 네 번째 무기인 '대인관계력'을 전수하겠습니다.

사람은 절대 혼자서 세상을 살아갈 수 없습니다. 그런 의미에서 대인관계력은 '살아가는 힘' 그 자체라고 할 수 있는데요. 제가 '대화 능력'이라고 하지 않고 굳이 '대인관계력'이라고 표현하

는 이유가 있습니다. 대인계력은 대화 능력을 포함해, 사람과 연대하고 스스로 교류하는 힘이기 때문입니다. 단순히 말을 잘하거나 글을 잘 쓰는 것을 넘어 '직접 나서서 사람들과 연대하고 관계성을 깊게 다지자!'라는 적극적인 의사를 뜻하지요. 마치 누군가에게 선언하는 모습처럼 말이에요.

예를 들면, 반 아이들에게 먼저 말을 거는 것이 있겠네요. 누군가에게 말을 거는 행위는 말을 잘하든 못하든 전혀 상관이 없습니다. 평소 대화를 잘하는 사람이어도 먼저 말을 걸지 않는다면 친구는 늘어나지 않습니다. '대화 능력×용기＝대인관계력'이라는 걸 잊지 마세요.

✦✦

대화는 어색한 게 당연하다

 "대화하는 게 어려워요."

많은 사람들이 대화 능력에 관해 고민합니다. 제 유튜브에서 실시한 조사(응답자 1.8만 명)에 따르면, 응답자의 무려 82%가 '대화가 어색하다'라고 답했습니다. 이게 무슨 의미일까요? 여러분만 대화를 어려워하는 게 아니라는 것입니다. 80%가 넘는 사람들

당신은 대화를 잘하는 사람인가요?

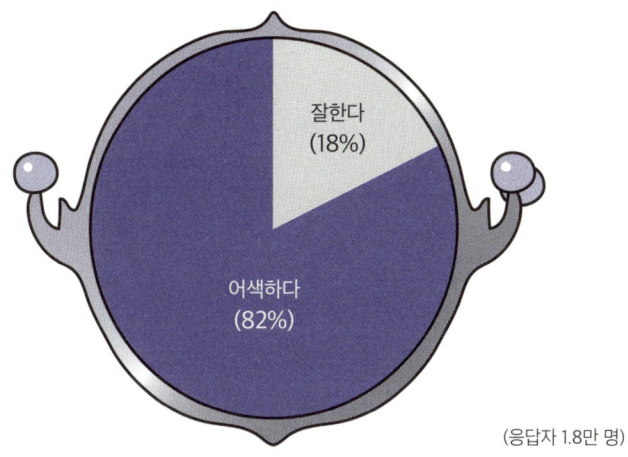

잘한다
(18%)

어색하다
(82%)

(응답자 1.8만 명)

이 대화를 어려워하거나 못한다고 생각해 보세요. 대화 능력이 떨어진다고 기죽을 필요도, 스스로를 비하할 필요가 없습니다.

"친구와 더 많이 이야기해 보세요."
"대화 능력은 친구들과 이야기하면서 발달합니다."

대화가 어렵다는 이들에게 이렇게 조언하면 '저는 혼자가 편해요', '친구가 없어도 괜찮아요. 오히려 피곤하니까 없는 편이 나아요'라고 대답하는 사람들이 있습니다. 정말 혼자 있어도 괜찮을까요?

✦✦
인간관계가 좋으면 '10명의 몫'을 해낸다

앞서 직장 스트레스의 가장 큰 원인은 인간관계라고 했습니다. 대인관계력이 낮으면 여러 방면에서 괴로운 상황이 발생하기 때문입니다. 상사나 선배, 동료, 후배와 최소한의 신뢰관계를 쌓지 못할 뿐더러 거래처, 클라이언트, 고객과의 관계마저 악화될 수 있습니다. 지금은 별것 아니라고 생각할 수도 있지만 직장인에게 이건 굉장히 큰 스트레스로 작용해 스스로를 끊임없이 괴롭힙니다. 반대로 대인관계력이 높으면 스트레스는 줄어들고 문제를 훌륭하게 처리할 수 있겠죠.

저는 인간관계 때문에 멘탈이 무너진 사람들을 수없이 봐왔습니다. 대인관계력이 낮은 사람들은 대화 능력도 부족하지만 다른 사람의 힘을 빌리지 않고 뭐든지 혼자서 해결하려고 하는 경향이 있습니다. 게임을 할 때 누군가의 도움을 한 번도 받지 않고 미션을 클리어할 수 있을까요? 당신이 전사라면 반드시 성직자나 마법사에게 도움을 받아야 합니다.

대인관계력은 사회 생활에 필요한 아주 '강력한 무기'입니다.

던전에서 혼자 싸우기보다 6명의 파티원과 함께 싸우면 6배의 힘을 발휘하겠죠. 그러나 실제로는 10배 이상의 힘을 발휘합니다. 사회에서도 마찬가지입니다. 동료의 힘을 빌린다면 '10명의 몫'을 해낼 수 있습니다. 파티원의 힘을 빌리면 모험은 편안하고 즐거워집니다. 게임에서는 당연한 상식인데 현실에서는 왜 적용하지 않나요? 혼자 해결하려고 하지 말고 다른 사람의 힘을 빌리세요. 언제든지 도움과 조언을 구해도 괜찮습니다. 주변 도움 없이는 던전에서 쉽게 살아남을 수 없듯이 사람들과의 관계가 틀어지면 사회인으로 살아남기도 힘들어집니다.

이미 3년이라는 시간을 흘려보낸 여러분에게는 대인관계력이 부족할 것으로 예상됩니다. 사람에 따라서는 아예 없을 수도 있지요. 그러나 사회에 나가서 '그동안 나는 혼자였다', '나는 누구와도 연대하지 않았다'라고 깨닫는다면 그때는 되돌릴 수 없는 상태입니다. 우리는 그런 불상사를 막기 위해 지금부터 대인관계력을 길러야겠지요.

대인관계력을 단련하는 3가지 방법

너무 낙담하지 마세요. 우리에게는 '잃어버린 3년'을 되찾을 방법이 있습니다. 대인관계력을 단련해 강력한 나만의 무기로 만드는 3가지 방법을 소개하겠습니다.

방법1 직접 만나기, 말하기, 놀기

앞서 10대들이 스마트폰을 오래 사용하는 현상에 관해 설명할 때도 다룬 내용입니다. 코로나19로 직접 만나지 못한다는 헛헛한 마음에 메시지를 주고받는 날이 늘어나면서 고등학생 두 명 중 한 명은 하루에 5시간 이상, 다섯 명 중 한 명은 9시간을 스마트폰을 사용하는 지경에 이르렀습니다.

첫 번째로 실천할 방법은 스마트폰을 사용하는 시간 중 1시간을 직접 만나서 이야기하는 시간으로 바꾸는 것입니다. 스마트폰은 잠시 가방 안에 넣어두고 눈앞에 있는 상대에게 집중하세요. 소중한 친구, 동료, 가족, 연인과 진심 어린 대화를 나누는 시간은 무엇보다 중요하니까요.

진심이란 이른바 '자신을 개시하는 것'입니다. 내가 마음을 열면 상대도 마음을 열게 되어 있습니다. 서로 마음을 열면 인간관계는 자연스럽게 깊어집니다. 내 생각이나 의견을 상대에게 전하고 상대의 생각과 의견을 받아들이는 수용과 승인의 과정은 '안심'으로 이어지고 그 순간에 행복 물질인 옥시토신이 분비됩니다.

옥시토신은 게임에서의 '방어 마법×회복 마법'입니다. 공격(스트레스)으로 인한 손실을 크게 줄이고 체력(HP)과 멘탈(MP)을 회복시킵니다. 학교에서 기분이 상할 만한 일이 있었더라도 옥시토신이 분비되는 치유의 힘이 있다면 큰 스트레스로 이어지지 않습니다. 우리가 '친구랑 얘기하면서 괜찮아졌어. 기운이 나!'라고 생각하는 것도 치유 물질은 증가하고 스트레스 물질은 감소했기 때문입니다. 옥시토신은 신경을 보호하는 작용을 하기 때문에 스트레스로부터 뇌를 지켜주는 최강의 방어 마법이라고 할 수 있습니다.

방법2 상대의 표정을 읽고 눈빛과 표정으로 전달하기

코로나19의 확산을 막기 위해 학교에서는 마스크를 쓰도록 지도했습니다. 그 결과 학교에 입학한 지 1년이 다 되어가는데도 '같은 반 친구의 얼굴을 본 적이 없다'라는 아이들도 있었지요. 하지만 대화에서 상대의 표정을 읽는 건 매우 중요한 일입니다. 대화는 크게 두 종류로, 언어적 대화와 비언어적 대화가 있습니다.

언어적 대화	비언어적 대화
SNS 메시지와 같은 문자 정보로 언어의 의미와 내용을 전달하는 것.	상대의 표정과 얼굴색의 변화, 눈동자의 움직임, 분위기 등으로 정보와 메시지를 읽어내는 것.

상대방의 눈동자가 미묘하게 움직이거나 표정이 변화하는 순간을 캐치해 상대의 감정을 읽어내는 능력은 사회인에게 반드시 필요한 대화 기술입니다. 예를 들면, 말다툼이 일어났을 때 상대가 화가 났는지, 기분이 상했는지, 사실은 그만큼 신경 쓰고 있지 않은지, 형식적으로 말하는 것인지 등 표정과 낯빛을 통해 알 수 있지요. 이때 마스크로 얼굴이 가려져 있는 상태라면 서로 표정을 읽을 수 없기 때문에 미묘한 감정을 추측하기 어렵습니다. 무려 3년간 이런 상황이 이어진 것이죠.

코로나19가 잠잠해졌음에도 '마스크를 벗기가 무섭다', '마스크를 벗기 싫다'라고 하는 사람들도 많았습니다. 심리학적으로 보면 '대화의 공포'가 드러난 것입니다. 우리는 지금부터라도 상대의 표정을 읽는 연습도 하고 눈과 표정으로 상대에게 표현할 수 있도록 노력해야 합니다.

인터넷으로 교류하는 것은 의미가 없습니다. 첫 번째 방법으로 '직접 말하기, 만나기, 놀기'를 추천한 이유도 '비언어적 대화'를 훈련하기 위해서였습니다. 요즘 회사가 아닌 집에서 근무하는 재택근무라는 업무 방식도 일반화되었지만 그만큼 괴로워하는 사람의 비율도 높아지고 있습니다. 메신저로 주고받는 대화는 단순한 정보의 전달이기 때문에 대화하면서 생기는 치유 효과를 전혀 얻을 수 없기 때문입니다. 옥시토신이 분비되지 않아

치유는커녕 오히려 피로와 스트레스의 원인이 되기도 합니다.

방법3 동아리와 서클 활동을 즐기기

동아리나 서클 활동은 청소년들이 대화를 연습할 수 있는 가장 좋은 기회입니다. 친구와 정기적으로 만날 수 있고 관심사가 비슷할 가능성도 높기 때문입니다. 평소에 말을 잘 못하는 사람이라도 대화 주제가 취미나 관심 분야라면 편하게 말할 수 있습니다. 저도 어릴 때 평소에 말이 없는 학생이었지만 영화모임에 있는 친구와 좋아하는 영화에 대해 말할 때는 누구보다 신나게 말하고 있는 저 자신을 발견할 수 있었습니다.

선배가 되면 후배를 이끌거나 가르쳐줄 기회도 생깁니다. 건강한 선후배 관계를 유지하기 위해서는 서로 배려가 필요하고 때로는 고생도 하지만 이때 상하 관계에서의 대화 능력이 어마어마하게 성장합니다. 여기서 단련된 대화 기술은 사회로 나왔을 때 매우 큰 도움이 됩니다.

어떤 방법이든 대화 훈련은 즐겁게 이루어져야 합니다. 괴로우면 꾸준히 할 수 없습니다. 동아리, 서클 활동, 취미 생활, 아르바이트 등 다양한 활동을 즐기면서 대화량을 늘려가는 것이 가장 이상적인 모습입니다.

친구는 꼭 필요할까?

✦✦

어제보다 오늘의 학교생활이 즐거워지는 방법

"사이 좋은 친구가 없어요."

"친구와의 관계에 지쳤어요."

"친구와 싸웠어요."

제 유튜브에서 실시한 조사(응답자 21만 명)에 따르면 '중고등학생 때 친구가 있었습니까?'라는 질문에 '거의 없었다'라고 응답한 사람은 20%, '많았다'라고 답한 사람은 13%였습니다. 인기가 있는 친구는 반에서도 눈에 띄기 마련이죠. 누구나 인기가 많은 사람을 부러워하지만 사실 그런 사람은 극소수입니다. 실제로 다섯 명 중 한 명은 친구가 없습니다.

친구는 없어도 괜찮은 걸까요? 아니요. 친구가 한 명도 없는 사람은 아주 외로울 거예요. 학교에 가기 싫은 사람도 사이좋은 친구 한 명이 있다면 학교생활이 즐겁지 않을까요? '학교가 재미없어', '학교에 가기 싫어'라고 말하는 것도 '친구가 없다', '외롭다', '괴롭힘당한다'처럼 관계성이 부족한 경우일 때가 많습니다. 친구들과의 '연결 고리'를 늘리면 학교생활은 즐거운 일로 바뀝니다. 대부분은 '인간관계'라는 걸 번거롭거나 어렵게 생각하지

중고등학생 때 친구가 있었습니까?

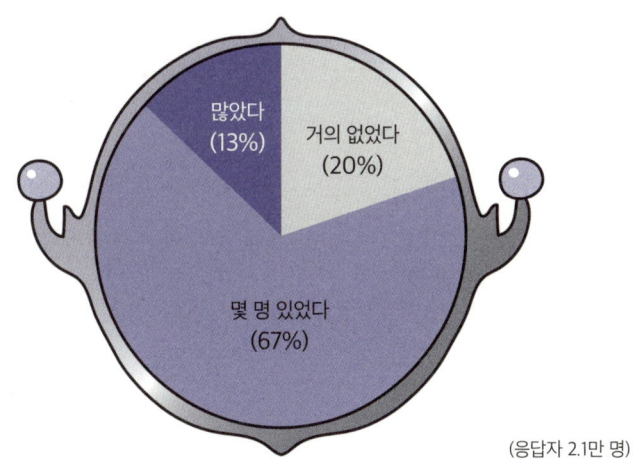

많았다
(13%)

거의 없었다
(20%)

몇 명 있었다
(67%)

(응답자 2.1만 명)

만 어려울 게 없습니다. 즐겁게 대화하는 것 또한 결국 옥시토신을 분비하는 일이니까요. '친구인지 아닌지', '신뢰하는 관계인지 아닌지'와 상관없이 사람과 즐겁게 이야기하는 것만으로 마음이 괜찮아집니다.

당장 '친구를 만들어야겠다!', '친구를 많이 늘리자!'와 같은 생각은 목표가 너무 높습니다. 우선은 소소한 대화부터 시작하세요. 잠깐의 대화만 나눠도 옥시토신은 분비되고 그 순간에 우리는 작은 행복을 손에 쥘 수 있게 됩니다. 이런 순간이 쌓이면 학교생활이 조금이라도 더 즐거워지지 않을까요?

✦✦
친구의 정의를 새로 세우면 친구가 나타난다

간혹 상담을 하다 보면 '친구가 한 명도 없다'라고 말하는 사람이 있습니다. 여러분 중에서도 그렇게 생각하는 사람이 있나요? 잠깐 읽는 것을 멈추고 스스로 '친구의 정의'를 떠올려 보세요.

A: 매일 점심시간에 같이 떠들고 노는 사람

B: 집에 돌아간 뒤에도 매일 채팅하는 사람

C: 힘들 때 도와주는 사람

소소한 대화로
친구가 생긴다

점심시간에 두세 마디 이야기를 주고받은 A는 친구일까요, 아닐까요? 방과후 집에 함께 가고 이후에도 대화를 계속하는 B는 친구일까요? 친구의 정의가 명확하지 않으면 쉽게 판단할 수 없는 문제입니다. 그리고는 나에게 친구가 없다는 착각에 빠지기도 합니다. 우선 본인 기준에서 먼저 친구를 정의해 보세요. 그러면 나에게도 친구가 있었다는 사실을 깨닫게 됩니다.

제가 내린 친구의 정의는 '힘들 때 터놓을 수 있는 사람'입니다. 하지만 모든 친구에게 속마음을 전부 터놓을 수는 없겠죠. 그래서 고민 이전에 내 생각을 먼저 말해야 합니다. 내 생각을 솔직하게 이야기했을 때 그 말을 긍정적으로 받아들이는 사람이라면 친구라고 할 수 있습니다.

고민을 말로 내뱉으면 스트레스의 90%가 해소된다고 합니다. (자세한 내용은 《말로 표현하면 모든 슬픔이 사라질 거야》 참조) 친구에게 내 생각을 솔직하게 말할 수 있다면 혼자서 끙끙 앓던 고민도 한결 가벼워질 거예요. 자연스럽게 학교생활도 재밌어지고 하루하루가 즐거워집니다. 내 마음을 알아주는 친구가 한 명만 있어도 스트레스가 줄어들고 멘탈이 무너질 가능성도 낮아집니다.

정신적으로 고통받는 환자들은 대부분 친구가 없습니다. "이렇게 힘들어하면서 왜 지금까지 아무에게도 말하지 않았나요?"라고 물어보면 "얘기할 만한 사람이 없었어요"라고 대답하죠. 친구에게 고민을 말하는 순간 회복 마법 옥시토신이 분비됩니다. 이전까지 축 처진 상태였더라도 곧바로 일어설 수 있지요. 회복 탄력성을 높이기 위해서라도 여러분에게 친구는 꼭 필요한 존재입니다. '힘들면 우선 말한다' 이것만 기억하세요. 말하는 순간 스트레스는 거의 해소되니까요. 내가 힘들 때 말할 수 있는 친구가 적어도 한 명은 꼭 있어야 합니다.

친구를 만드는 3가지 방법

방법1 친구가 아닌 동료를 만든다

'친구를 만든다'라고 생각하면 어렵고 부담스럽게 느껴질 수 있습니다. 먼저 '동료'를 만든다고 생각해 보세요. 친구는 '우정으로 엮인 관계'이고 동료는 '함께 있을 일이 많은 관계'입니다. 함께 있다면 이미 동료이고, 함께 있어서 즐겁기까지 하다면 그 관계는 친구일지도 모르지요. 친구를 만드는 일은 어려울 수 있지만 동료를 만드는 일은 간단합니다.

게임으로 비교해 볼까요. 게임을 하다 보면 술집에서 모르는 사람에게 말을 걸어 필요한 정보를 얻어야 합니다. 그대로 동료가 되어 파티에 가입하는 일도 종종 생기지요. 학교의 교실은 게임의 술집과 같은 역할입니다. 내가 먼저 말을 걸지 않는 한 동료는 생기지 않습니다. 말을 건네고 대화를 나누는 과정을 반복했을 때 이야기가 잘 통한다면 이미 여러분의 동료입니다.

이제 주변을 한번 둘러보세요. 동료가 되어줄 만한 사람이 반드시 있을 테니까요. 대충 봐서는 모르니 주의 깊게 찾아야 합니다. 아무리 둘러봐도 교실에 동료가 없다면 동아리나 서클을 추천합니다. 같은 관심사와 취미가 있다면 대화는 무르익을 테니까요. 또한 동아리나 서클은 정기적으로 만나며 매번 만날 장소와 시간을 공유하기도 하니, 친밀도도 당연히 높아지겠죠.

왜 뭐든지 혼자 하려고 할까?

어른이 되어서도 마찬가지입니다. 힘들면 다른 사람의 힘을 빌려도 됩니다. 사회에서는 무엇을 조사하고 어떤 도구를 사용하든 결과적으로 업무를 잘한 사람이 인정받습니다. 대부분의 업무는 멀티플레이로 협동하는 게임입니다. 하지만 어찌 된 일인지 많은 사람들은 벽에 부딪혔을 때 혼자 해결하려고 합니다. 누군가에게 말하거나 다른 사람의 도움을 받으면 간단하게 해결할 수 있는데 말이지요.

파티원을 최대 6명까지 모을 수 있는 게임에서 혼자 게임을 클리어할 수 있을까요? 아니요. 될 리가 없습니다. 동료와 파티

동료가 있다면 남들보다 10배 빨리 성공한다

원을 모아 함께하는 모험이 훨씬 편하고 즐겁습니다. 먼저 나서서 친구를 만들지 않는다면 파티원을 모으지 않고 혼자 무리하게 게임을 클리어하려는 것과 같습니다.

왜 혼자서 살아가려 하나요?
왜 혼자서 해결하려 하나요?

다른 사람에게 도움을 요청하면 몇 배나 빠르게 클리어할 수 있는데 말입니다. 혼자라면 1년이 걸릴 일도 동료의 힘을 빌리면 한 달 안에 끝낼 수 있습니다. 인생을 10배 빠르게 성공하는 비결은 '동료'입니다. 속마음 말하기, 기대기, 부탁하기, 맡기기, 조언 구하기 등 어떤 형태여도 상관없습니다. 여러분의 동료가 되어줄 사람은 주변에 반드시 있으니 잘 찾아보길 바랍니다.

방법2 소소한 대화로 친구 레벨을 올린다

쉬는 시간에 이야기를 나눌 정도의 동료가 생겼다고 칩시다. 이제 친구라고 부를 수 있을까요? 이 관계를 '친구'로 발전시키는 일은 또 다른 이야기입니다. 애니메이션이나 만화책에 나오는 '힘들 때 서로 도와주는 좋은 친구', '결이 맞는 친구'와의 즐거운 학교생활은 현실에서는 찾아보기 힘듭니다. 이런 모습을 떠올리며 진정한 친구라고 정의한다면 목표치가 너무 높습니다.

 "친구가 없는 나는 정말 별로인가 봐."

 "나한테 매력이 없으니까 친구도 없는 거겠지."

많은 청소년들이 이런 식의 잘못된 생각에 빠져 자기 긍정감을 떨어뜨리는 모습을 보고 있으면 매우 안타깝습니다. 나에게는 친구가 없다고 생각하나요? 그럼 '친구 만들기'가 아닌 '반 아이 중 누군가와 한 마디라도 나눠보기'를 목표로 해보세요. 하루에 세 마디를 나눴다면 동료입니다. 동료를 만들고 그다음엔 이 동료와 열 마디 나누기에 도전하세요. 하루에 한 명과 열 마디나 주고받았다면, 이미 친구라고 할 수 있겠지요.

몬스터를 쓰러뜨리고 경험치 10을 획득했다고 칩시다. 10번이면 획득한 경험치는 100, 100번이면 경험치 1000을 획득하겠죠. 이를 반복하는 과정에서 몇 번의 레벨 업이 되어 있을 것입니다. 마찬가지로 학교에 가서 누군가와 한 마디를 나누면 옥시토신이 분비됩니다(경험치 10 획득). 상대를 마주보거나 어깨를 토닥이는 등 장난을 치며 신체가 닿을 경우에도 옥시토신은 분비됩니다(경험치 10 획득). 이렇게 경험치가 쌓이면 '친구 레벨'은 한 단계 업그레이드 됩니다.

'친구가 있다/없다'가 아니라 '친구 레벨'로 기준을 잡아 보세요. 한 번도 말해본 적이 없다면 친구 레벨은 0이지만 매일 조금씩 대화를 하다 보면 레벨 1이 되고, 레벨 2나 레벨 3까지 올라갑니다. 친구 레벨이 2~3이라면 훌륭한 '동료', 레벨 6까지 올라가면 '친구', 레벨 8은 '돈독한 친구'입니다. 어느 날 갑자기 나에게 돈독한 친구가 생기기를 바라지 마세요. 먼저 동료를 만들고 친구 레벨을 조금씩 올려보세요.

아직도 친구가 없다고 생각하나요? 당장 레벨 8의 돈독한 친구는 없을지 몰라도 레벨 2~3 정도의 같은 반 아이는 없는지 곰곰이 떠올려 보세요. 분명히 있을 거예요.

방법3 먼저 말을 건다

게임을 할 때 술집에 있는 모든 사람에게 말을 거는 건 기본 중의 기본입니다. 그것도 '먼저' 말입니다. 다섯 명의 마을 사람이 있는데 한 명에게만 말을 걸어야 하는 상황은 없습니다. 어떤 사람이 중요한 아이템이나 정보를 주고 모험의 파트너가 되어줄지 모르니까요. 이 원리를 이해했다면 교실에 있는 친구에게 여러분이 먼저 말을 걸어야 한다는 사실도 깨달았을 거라 생각합니다.

그동안 누가 말을 먼저 걸어주기를 기다리고 있지는 않았나요? 상대방에게 받기만 하는 사람은 동료를 만들기 어렵습니다. 재밌는 화제를 제공하는 등 먼저 정보를 내주는 모습도 필요합니다. 그러니 나부터 시작하세요. 유려한 말솜씨나 대화 기술이 없어도 괜찮습니다. '이어지고 싶다'라는 마음이 가장 중요하니까요. 대인관계력은 '대화×용기'라고 했습니다. 대화 능력이 조금 부족할지는 몰라도 용기로 보충하면 됩니다.

친구는 갑자기 생기지 않는다

어느 날 눈앞에 친구가 나타나는 일은 없습니다. 작은 대화들이 쌓여 동료와 친구가 만들어지는 것이지요. 관계가 점차 깊어지면서 문득 '우리는 친구일까?' 하는 생각이 듭니다. 이 상태가 오랜 기간 지속되면 '우리는 찐친인 것 같아'라고 느끼는 날도 오겠지요.

인사를 하고 소소한 잡담을 나누는 '연결 고리'는 친구로 발전할 수 있는 기회로 이어집니다. 첫 만남은 '내가 말을 건 경우'나 '상대가 말을 건 경우'에만 발생합니다. 누군가 내게 말을 걸어주기를 기다리기보다는 내가 먼저 다가가는 게 어떨까요?

✦✦

다섯 명 중 한 명은 친구가 없다. 그렇다면?

앞에서 말한 설문 조사 결과에 의하면 응답자 다섯 명 중 한 명은 중고등학생 때 '친구가 거의 없었다'라고 했습니다. 예를 들어 한 교실에 남녀 절반씩, 40명이 있다고 했을 때 확률적으로 친구가 없는 동성은 4명입니다. 만약 그중 한 명이 나라면 친구가 없는 동성은 3명이라는 결론이 나오지요.

교실을 한번 둘러보세요. 완전히 고립된 상태를 좋아하는 인간은 없습니다. 내가 친구가 없어서 고민일 때 나와 똑같이 생각하는 사람이 적어도 3명은 있다는 말입니다. 이들이 모이면 4명의 파티원이 되지요.

여기서 중요한 포인트는 모임을 만들려면 '처음 말을 꺼내는 사람'이 필요하다는 것입니다. 게임에서는 이런 사람을 '파티장'이라고 부릅니다. 나에게 아무도 말을 걸지 않는다면 내가 파티장이 되어 먼저 말을 걸고 일행을 모집하면 됩니다.

친구를 만들 때 필요한 건 아주 작은 용기입니다. 대화 능력이나 인간적인 매력은 필요하지 않습니다. 먼저 말을 건네는 용기만이 대인관계력을 만드는 본질이니까요. 그러니 자신감을 갖고 동료를 만들어 즐거운 모험을 떠나길 바랍니다.

작은 용기로
동료가 생긴다

과잉 관계 증후군

◆◆

여성이 1.3배 더 괴롭다

유독 친구 문제에 관해서는 남학생들보다 여학생들이 고민하는 경우가 많습니다. '앞으로 이 친구와의 관계를 어떻게 유지해야 할까', '미움받지는 않을까', '무리에서 멀어지지 않을까' 등 불안하고 걱정되는 마음에 끊임없이 메시지를 주고받습니다.

인터넷 중독 성향 또한 여학생이 남학생보다 1.3배 높다고 나옵니다(총무성 2014년). 고등학생들을 대상으로 스마트폰 사용과 우울증과의 관계성을 조사한 연구에 의하면 채팅을 많이 하는 여학생이 우울증에 걸릴 위험은 남학생보다 1.7배 높았습니다. 반면 주로 게임에 빠지는 남학생들은 우울증과의 연관성이 높지 않았습니다. 게임보다 SNS와 채팅에 빠졌을 때 더 쉽게 피로함을 느낀다는 말입니다.

✦✦

연락하다가 관계에 금이 가는 경우

매일 SNS나 메시지로 대화하면 친구 사이는 더 돈독해질까요? 아니요. 오히려 '관계가 악화된다'라는 연구 결과가 있습니다. 과한 연락은 심리적 거리를 너무 가깝게 만들기 때문에 서로 등지거나 틀어지고 괴롭히기까지 하는 원인이 됩니다. 저는 이를 '과잉 관계 증후군'이라고 부릅니다. 제가 만든 용어인데요. 심리적인 거리가 너무 가까워지면 상대의 결점까지 보일 수밖에 없습니다. 답장 속도에 예민할 정도로 신경을 쓰거나 쉽게 짜증을 내기도 합니다. 답장이 오지 않으면 '나를 무시했다', '이 관계를 가볍게 여긴다'라는 생각이 들어 불안해하거나 반대로 빠르게 답장을 해야 한다는 부담을 느끼는 등 다양한 문제가 발생합니다.

요즘에는 '읽씹'이라는 단어를 사용하면서 메시지를 읽고 바로 답장하지 않았을 때 기분이 상했다고 말하는 사람들도 많습니다. 애니메이션(원작은 라이트 노벨) 《청춘 돼지는 바니걸 선배의 꿈을 꾸지 않는다》의 주인공인 아즈사가와 사쿠타의 언니 카에데는 친구들이 있는 그룹채팅방에서 30분 동안 답장하지 않았다는 이유만으로 따돌림을 당하고 비난을 받습니다. 그리고는 결국 등교까지 거부하게 됩니다.

우리 주변에서도 이런 일들이 일어나고 있습니다. '스마트폰으로 메시지를 오래 주고받으면 인간관계가 깊어진다'라고 생각했을 수도 있겠지만 완전히 틀렸습니다. 정반대입니다. '지나치게 가까워지면 관계가 악화된다'라는 심리학적 진실을 꼭 새겨두길 바랍니다.

◆◆

고슴도치 딜레마

지나치게 가까워지면 관계에 금이 간다고 했습니다. 왜 그런지 지금부터 설명하겠습니다. 심리학에는 '고슴도치 딜레마'라는 용어가 있습니다. 고슴도치는 가시가 있는 동물이죠. 추운 겨울밤, 숲속에 고슴도치 두 마리가 있다고 상상해 보세요. 두 마리가 멀리 떨어져 있으면 춥지만 두 마리가 딱 붙어 있으면 서로의 바늘에 찔려 고통스럽습니다. 춥다고 더 달라붙으면 결국 피가 나고 말겠죠. 이럴 때 적절한 거리를 유지하면 바늘에 찔리지도 않고 서로의 온기가 전달되어 따뜻해집니다. 그제서야 비로소 안정적인 거리감이 생성됩니다. 심리적 거리가 너무 가까우면 부담을 느끼고 오히려 스트레스가 된다는 사실을 보여주는 이야기입니다.

지금도 친구와 매일 몇 시간씩 스마트폰으로 메시지를 주고받는다면 이 고슴도치 이야기를 꼭 기억하길 바랍니다. 너무 가까우면 서로의 바늘에 찔릴 수밖에 없습니다. 상대의 세세한 부분이 눈에 들어오기 때문에 일거수일투족이 묘하게 거슬리거나 심지어 화가 나기도 합니다. 심리적 거리가 가까워질수록 상대에 대한 기대가 높아지면서 자신도 모르게 상대를 속박하고 싶어지기 때문입니다.

고슴도치 딜레마

'친한 사이라면 당연히 30분 이내에 답장해야 한다'는 인식이 생기는 것도 이런 고슴도치 딜레마 때문이지요. 매일 몇 시간씩 연락하는 친구였더라도 언젠가는 싸우게 됩니다. 친구가 잘못해서도, 내가 잘못해서도 아닙니다. 그저 지나치게 가까워졌기 때문입니다.

바늘의 길이는 사람에 따라 다릅니다. 2~3시간 이내에 답장이 오면 괜찮다는 사람도 있지만 15분 안에 답장이 없으면 불안해하는 사람도 있습니다. 서로 다른 심리적 거리감에서 '과잉 관계 증후군'이 발생합니다.

내가 보낸 메시지에 빨리 답장하는 것이 과연 진정한 우정의 증거일까요? 이 부분에 관해 친구와 한번 진지하게 대화해 보세요. 사실은 친구도 오랜 채팅에 피곤함을 느끼고 있었거나 '읽씹' 했다고 오해받을지도 모른다는 두려움에 힘들어하고 있었을 가능성이 높습니다.

◆◆

'읽씹'했다고 다그치는 것은 위험이다

친구와 잘 지내려고 끊임없이 메시지를 주고받았는데 채팅 때문에 사이가 틀어진다면 이것이야말로 주객이 전도된 상황입니다. '제어력' 할 때도 말했지만 스마트폰 이용 시간이 길어질수록 성적이 떨어지는 건 물론이고 스트레스가 쌓여 감정이 불안정해집니다. 우울감이나 불안을 느낄 위험성도 3배로 높아지지요. 5시간 이상 스마트폰과 인터넷을 했을 때 자살률이 66%나 올라간다(특히 여성의 자살률 상승이 두드러진다)는 연구 결과도 있습니다. 결국 스스로 뇌를 파괴하는 것도 모자라 소중한 친구의 멘탈까지도 망가뜨리는 격입니다.

초중학생의 자살률도 10년 전에 비해 크게 늘었습니다. 일본에서는 2022년에 처음으로 청소년 자살 인구가 500명을 넘어 역대 최대치를 기록했습니다. 이 수치는 스마트폰의 이용 시간과 비례합니다. 친구에게 왜 '읽씹'했냐고 다그치거나 빨리 대답하라며 압박을 가하는 건 '살인'에 가까운 위협이라고 생각합니다. 스트레스를 주면서 멘탈을 무너뜨리는 건 친구를 궁지로 밀어 넣는 행위입니다. 괴롭힘의 온상이자 자살의 원인이 되기도 하지요.

'읽씹'을 질책하는 습관은 완전히 사라져야 합니다. 아무리 즐거웠던 일이라도 해야 한다고 생각하면 의무로 느끼게 되고 부담과 스트레스로 돌아옵니다. 그런 상태에서 혼자 끙끙 앓다가 멘탈이 무너지는 것은 전혀 이상한 일이 아닙니다.

✦✦

시간제한으로 깊은 인간관계를 구축하라

혹시 그동안 '과잉 관계'를 부담스러워 하고 있지는 않았나요? 과잉 관계를 지속하는 것은 시간과 정신적인 에너지, 우정까지 낭비하는 일입니다. 소중한 시간을 우정을 파괴하는 데 사용할 필요가 있을까요? 그런 의미에서 지금부터 스마트폰은 최대 2시간 이하로 이용하도록 해요. 3시간 이상은 위험합니다.

채팅의 경우에는 1시간을 넘었을 때가 마무리할 타이밍입니다. 그 이상은 부담이 될 수 있습니다. 친구들과 미리 규칙을 정해 '1시간만' 즐겁게 이야기해보세요. 친구가 이 규칙을 받아들이지 못한다면 이 책을 빌려주고 '스마트폰의 폐해'와 '과잉 관계 증후군'을 다룬 부분이라도 읽게 했으면 합니다.

지나치게 가까워지면 우정은 깨진다는 사실을 잊지 마세요. 장시간 스마트폰 사용은 결국 당신의 뇌와 멘탈, 우정까지 파괴합니다. 이 끔찍한 사실을 알고도 여러분에게 스마트폰을 더 해도 된다고 말하는 친구를 과연 진짜 친구라고 할 수 있을까요? 깊은 관계를 만드는 것은 대화의 시간과 양이 아니라 질과 농도입니다. 짧은 시간이라도 진심으로 대화한다면 자연스럽게 우정도 깊어진답니다.

네 번째 무기 ✦ 대인관계력

•••정리•••

① 고민이 있다면 누군가에게 고민을 말해보자.

② 사람과의 대화(=옥시토신)는 치유제가 된다.

③ 친구는 한 명만 있어도 된다.

④ 친구를 만들기 전에 우선 동료를 만들자.

⑤ 친구는 갑자기 생기지 않는다. 천천히 친구 레벨을 높여가자.

⑥ 우선 나부터 말을 걸어보는 '작은 용기'로 동료가 생긴다.

⑦ '지나치게 가까워지면' 우정은 파괴된다.

⑧ 채팅은 1시간으로 제한하고 대화의 농도를 짙게 만들자!

다섯 번째 무기

독해력

읽기

다섯 번째 무기: 독해력

검색하면
고민은 사라진다

✦✦

정보와 집단지성을 활용하라

힘들 때 주변 친구들에게 고민을 털어놓으라고 조언하면 '상담할 친구가 없어요'라고 대답하는 청소년들이 많습니다. 그래서 먼저 친구를 만들어보라고 이야기를 한 것입니다. 그런데 친구가 있어도 막상 고민을 이야기하자니 부끄러울 수 있습니다. 타고난 기질이 그렇다면 더욱 털어놓기 힘들겠지요.

 "친한 사람이 없어."

"상담할 사람이 없어."

"사람과 관계를 맺기가 두려워."

이런 사람이라면 우선 '정보'를 활용해보길 추천합니다. 다른 말로 '집단지성'이라고 하죠. 집단지성은 많은 사람들의 지식을 축적한 것을 말합니다. 책 읽기, 인터넷에서 검색하기, 챗GPT에 물어보기 등 쉽고 다양한 방법으로 이용할 수 있습니다. 이미 정답과 해결책이 나와 있는 고민으로 좌절하고 절망하는 시간이 아깝지 않나요? 지금처럼 인터넷과 인공지능이 발달한 시대에서의 고민 상담은 꼭 '사람'이 아니어도 가능하다는 이야기입니다.

✦✦
책과 영상 너머로 상담하기

지금 하고 있는 고민은 책이나 영상을 통해 그 해결 방법을 찾을 수 있습니다. 책의 저자나 영상의 업로더에게 상담한다고 생각해 보세요. 여러분이 제 유튜브에서 상담을 받든 실제 눈앞에서 상담을 받든 '같은 고민'과 '같은 질문'이라면 제가 알려줄 대처법도 똑같습니다.

물론 실제로 만나서 상담을 진행하는 경우, 개별성에 근거해 가장 적절하고 구체적인 조언을 건넬 가능성이 높은 건 사실입니다. 하지만 직접 상담을 받으러 가는 시간과 수고, 정신적 에너지, 비용(전문가에게 상담하는 경우)까지 생각하면 진입장벽도 그만큼 높아지기 마련이지요. 하지만 유튜브 영상과 인터넷 검색, 챗GPT에는 지금 당장 물어볼 수 있습니다. 책은 도서관에서 빌려볼 수 있고요. 그러니 다른 사람에게 고민을 말하는 게 어렵다면 '집단지성'을 적극적으로 활용해보세요.

혼자서 고민하지 말고 집단지성에 상담하세요

✦✦

'고민'이란 무엇일까?

정신건강의학과 전문의인 저에게는 어떤 고민이 있을까요? 궁금하신 분들을 위해 대답해 드리자면, 제 고민은…… 없습니다. 거짓말 같겠지만 저는 정말로 고민이 없습니다. 해야 하는 일, 하고 싶은 일, 아직 하지 않은 일, 할 일(TO DO)은 아주 많죠. 하지만 이것들은 모두 고민이 아닙니다.

그럼 대체 '고민'이란 무엇일까요? 고민은 다음의 3가지 특징을 가집니다.

[고민의 특징]

① 부정적인 감정…… '괴롭다, 고통스러워'

② 대처법을 모른다…… '어떡하지'

③ 사고 정지…… '어쩔 줄 모르겠어'

무엇을 해야 할지 모른 채 앞으로 나가지도 못하고 괴로워하는 상태가 '고민'입니다. 문제가 생겼을 때 그 문제를 해결하기 위해 해야 할 일, 즉 '할 일(TO DO)'이 명확하다면 그건 더 이상

다섯 번째 무기 ✦ 독해력

고민이 아닙니다. 단지 해야 할 일을 하지 않은 상태일 뿐입니다. 예를 하나 들어보겠습니다.

 "친구에게 빌린 만화책을 잃어버렸어! 어떡하지, 친구가 알면 분명 화낼 텐데. 한정판이라서 서점에서 새로 사지도 못해. 해결할 방법이 없어서 너무 괴로워."

여러분이 이런 상황에 처했다면 어떻게 하시겠습니까? 제 경우에는 문제를 해결하기 위해 다음과 같이 해야 할 일의 목록을 작성합니다.

- 만화책이 있을 만한 장소를 다시 한번 찾아본다.
- 같은 책을 인터넷 서점에서 중고로 살 수 있는지 찾아본다.
- 친구에게 솔직하게 말하고 사과한다.

해야 할 일을 행동으로 옮기면 정체되거나 멈춰 있던 사고에서 벗어날 수 있습니다. 그러면 고민도 자연스럽게 조금씩 해결됩니다. 그러니 고민이 있을 때는 해야 하는 일을 하세요. 지금 할 수 있는 일을 하나씩 해나가면 반드시 앞으로 나아가게 되어 있습니다. 이 과정에서의 고민은 더이상 '고민'이 아니라 '개선', '진보', '진화', '자기 성장'의 발판이 될 겁니다.

✦✦
'TO DO'를 알면 고민은 한 번에 사라진다!

고민을 해야 할 일(TO DO)로 바꾸면 그 즉시 사라질 수도 있습니다. 인터넷에 조금만 검색하면 몇 가지 대처법이 나옵니다. 뭔가 풀릴 것 같은 희망이 보이기 시작하면 당신의 두뇌 회로를 멈추게 했던 불안과 스트레스가 사라집니다. 이후에는 할 수 있는 범위 안에서 할 일을 해나가면 됩니다. 이 과정을 '행동화'라고 합니다. 아주 조금이라도 앞으로 나아간다면 상황은 반드시 괜찮아집니다.

게임에서 좀처럼 쓰러뜨리기 어려운 적이 나타나면 곧바로 포기하고 게임을 그만두어야 할까요? 아니요. 적의 약점을 알아내는 등의 대비책을 세워야겠지요. 인터넷으로 적의 공략법을 검색하거나 공략집을 사서 읽으면 됩니다. 문제의 대처법을 알아내는 것, 이것이 'TO DO'입니다.

방법을 모르겠다면 다른 사람에게 물어봐도 괜찮습니다. 이미 그 퀘스트를 깬 친구에게 물어보면 친절히 알려주겠죠. 정말 간단하지 않나요? 인생도 마찬가지입니다.

지금 고민이 있거나 무언가 망설이고 주저하고 있는 상황이라면 다른 사람에게 질문하거나 집단지성을 활용해 보세요. 해야 할 일은 물론이고 앞으로의 대처법까지 알 수 있으니까요. 여러분은 이걸 행동으로 옮기기만 하면 됩니다. 단언컨대 이 방법으로 지금의 고민은 감쪽같이 사라질 거라고 확신합니다.

◆◆

고민하는 사람일수록 검색하지 않는다

모르는 게 있으면 검색하면 됩니다. 무슨 당연한 소리를 하냐고요? 놀랍게도 대부분의 사람들은 고민이 있어도 검색해 보지 않습니다. 제 유튜브에는 매일 30건 이상의 질문이 올라온다고 말씀드렸는데요. 질문의 90%는 이미 예전에 열 번도 넘게 대답한 질문입니다. 그런데도 매일 똑같은 질문이 올라옵니다.

예를 들어 '발달 장애는 치료가 되나요?'라는 타이틀의 영상을 올린 다음 날 '발달 장애는 치료가 되나요?'라는 질문이 올라오는 식이죠. 유튜브 검색창에 '발달 장애 치료 가바사와発達障害治る 樺沢'를 검색하면 화면 상단에 '발달 장애는 치료가 되나요?発達障害は良くなりますか?'라는 영상이 나오는데도 말입니다. '발달 장

고민이 있다면
누군가에게
상담하거나
인터넷으로
검색해라!

애 치료'로 검색하면 저 말고도 다른 의사나 상담사가 설명하는 영상이 많습니다.

고민이 많은 사람일수록 검색하지 않는다는 게 제 의견입니다. 한 가지에 지나치게 빠져 있어 주변이 눈에 들어오지 않는 상태, 즉 심리적 시야 협착이 일어나기 때문입니다. '아, 어떡하지', '이제 방법이 없어'라며 하루 종일 머리카락을 쥐어 뜯으면서 누군가에게 털어놓거나 인터넷에 검색해 볼 생각은 못 하는 것이죠.

그러니 평소에 '힘들 때 누군가에게 상담한다', '고민이 있으면 인터넷에 검색한다'라는 습관을 만들어야 합니다. 인터넷 검색은 30초면 가능합니다. '힘들다', '어쩌지'라는 생각이 들면 조건반사적으로 검색해 보길 바랍니다.

✦✦

검색을 습관으로 들이자

여기까지 읽었을 때 '매일 하는 게 검색인데', '검색하는 건 너무 쉽지!'라고 생각할 수 있습니다. 좋아하는 아이돌의 최신 정보나 애니메이션 극장판 개봉일처럼 흥미가 있는 일은 누구나 쉽게 검색할 수 있습니다. 그런데 검색의 기능에는 이보다 더 엄청난 것이 존재합니다. 바로 '괴로움'과 '고통'을 해소시키는 기능입니다.

만약 친구와 싸웠다면 '싸운 뒤 화해하는 방법'을 검색하세요. 구글이든 유튜브든 상관없습니다. 검색하면 실천할 수 있는 몇 가지 방법이 눈에 띌 것입니다. 학교에 가기 싫으면 '학교에 가기 싫다'라고 검색해 보세요. X(구 트위터)에 검색하면 '나랑 똑같이 생각하는 사람이 이렇게나 많구나' 하고 놀랄 수도 있습니다. 그리고 '나만 그런 게 아니었구나'라는 안도감에 용기도 생깁니다.

'공감'은 안정감을 불러옵니다. 검색하기 전과 비교하면 확실히 치유되는 기분이 들 것입니다. 사람들은 즐겁고 재밌는 건 쉽게 검색하지만 괴로울 때나 고통스러울 때는 부정적인 사고에 사로잡혀 검색하기를 잊곤 합니다. 하지만 검색하는 것만으로도 마음이 가벼워지거나 고민이 완전히 사라질 수 있다는 사실을 꼭 기억하시길 바랍니다.

◆◆

그 고민에 대한 해답은 이미 누군가가 내났다

수많은 사람들이 여러 가지 이유로 고민하고 괴로워하지만 저는 전혀 고민이 없다고 말씀드렸습니다. 솔직히 말하자면 사람들은 왜 계속 고민을 하는지 의아할 정도입니다. 대형 서점에 가면 고민 해결법을 담은 책을 쉽게 찾아볼 수 있는데 말입니다.

"인간관계가 제일 어려워."

"성적도 별론데 공부가 안 돼."

"앞으로 어떻게 될까 불안해."

"연애도 힘들어."

"돈이 없어."

이 세상에 존재하는 모든 고민과 문제에 관한 해결법은 이미 수많은 책을 통해 나와 있습니다. 여러분은 책에서 알려주는 대로 실천하기만 하면 됩니다. 이렇게 고민할 시간이 없습니다. 할수 있는 일을 할 수 있는 만큼 하면서 조금이라도 앞으로 나아가야 할 때죠. 고민을 계기로 삼아 '인풋 → 아웃풋 → 피드백'을 반복하며 자기 성장을 이루면 고민과 문제는 점점 작아지고 결국 넘어설 수 있게 됩니다.

그러나 대부분의 사람들은 아무것도 하지 않으면서 고민만 합니다. 고민하는 상태에서 정체되어 앞으로 나아가지도 못합니다. 그러니 고민이 끊이지 않는 것이죠. '고민하는 자신'이 아닌 '행동하지 않는 자신'이 있을 뿐입니다.

여러분이 지금 하고 있는 고민은 수백억 명의 선인들도 이미 거쳐온 것입니다. 고대 그리스·로마 시대, 중세와 근대에 인간 관계나 콤플렉스로 고민하는 일이 없었을까요? 당연히 있었습니다. 지금 머리 아프게 고민하고 있는 문제는 선인들이 이미 대처법을 내놨다는 이야기입니다.

일본에서는 매년 약 7만 권의 책이 출간됩니다. 책을 읽으면 수백만 명의 지혜를 빌릴 수 있고 인터넷까지 이용하면 전 세계에 있는 수억 명의 지혜를 얻을 수 있는 셈이죠. 책과 인터넷 속에는 '정답'이 있습니다. 많은 사람들이 고민을 해결하는 데 책과 인터넷을 활용하지 않는 모습을 보고 있으면 참 안타깝습니다. 지금 당장 해결 방법과 대처법까지 알 수 있는데 말이지요.

책만 읽어도 고민은 2시간 만에 해결됩니다. 그런데 어째서 몇 주, 몇 달, 몇 년 동안 고민하는 걸까요? 이유는 간단합니다. 독서하는 습관이 없기 때문입니다.

다섯 번째 무기: 독해력

독해력으로
모두 결정된다!

✦✦

책을 읽는 사람과 읽지 않는 사람의 결정적인 차이

일본인의 47.3%는 책을 읽지 않는다고 합니다. 고등학생의 한 달 평균 독서량은 1.9권(응답자 4천 48명)인데요. 한 달에 한 권도 읽지 않는 사람이 43.5%('제68회 학교독서조사' 2023 전국학교도서관협의회조사)나 됩니다. 성인과 고등학생의 절반은 책을 읽지 않습니다. 정말 안타깝지만 이게 현실입니다.

평소에 책을 읽지 않는 사람이 '책으로 고민을 해결할 수 있다'라는 사실을 알 리가 없죠. 결론적으로 고민이 있어도 해소하지

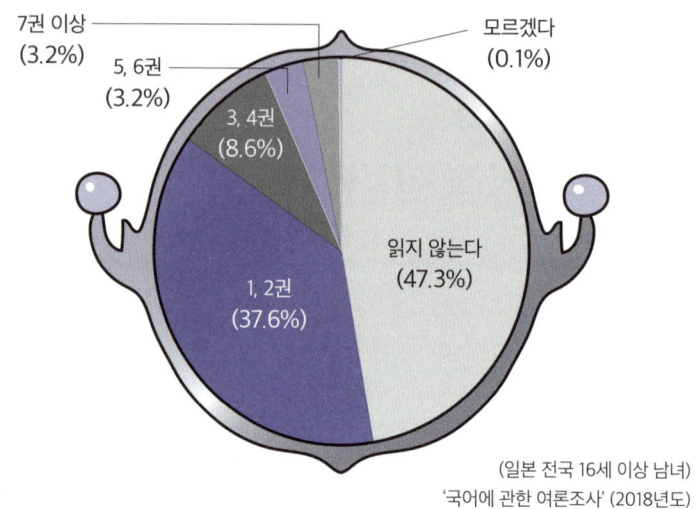

한 달에 대략 책을 몇 권 읽는가?

7권 이상
(3.2%)

5, 6권
(3.2%)

3, 4권
(8.6%)

모르겠다
(0.1%)

읽지 않는다
(47.3%)

1, 2권
(37.6%)

(일본 전국 16세 이상 남녀)
'국어에 관한 여론조사' (2018년도)

못하는 사람이 두 명 중 한 명이라는 말입니다.

한 달에 한 권의 책을 읽는 습관만 들여도 일본인의 상위 52%
에 들어갈 수 있습니다. 한 달에 7권을 읽으면 상위 3%에 해당
하지요. 연봉이 높은 사람일수록 독서량이 많다는 사실 또한 밝
혀진 바가 있습니다.

다섯 번째 무기 ✦ 독해력

✦✦
독서로 머리가 좋아진다

독서를 하면 무엇이 좋을까요? 장점이 너무 많아서 문제일 정도입니다. 결론부터 말하자면, 독서를 하면 뇌 기능의 대부분이 높아집니다. 스마트폰은 뇌를 파괴하지만 독서는 뇌를 성장시킵니다. 뇌가 성장하면 머리가 좋아지면서 IQ는 물론 학교 성적도 오릅니다. 더불어 '회복탄력성', '제어력', '대인관계력', '호기심', '수면'에도 매우 긍정적인 영향을 미칩니다.

책을 읽는 것만으로 고민을 해결할 수 있다고 했습니다. 독서가 습관이 되면 뇌 기능이 활성화되기 때문입니다. 고민 해소의 최종 병기는 바로 '독서'입니다. 의사인 제가 청소년 여러분이 했으면 하는 일을 단 한 가지만 꼽으라면 '스마트폰을 내려놓고 독서하기'입니다.

✦✦
읽는 것만으로는 의미가 없다

그렇다면 당장 지금부터 책을 많이 읽으면 뇌가 성장할까요? 인생 전체가 잘 풀리게 될까요? 그렇게 간단한 문제는 아닙니다.

1년에 100권의 책을 읽었어도 이렇다 할 성과를 내지 못하는 사람들이 많습니다. 내용을 확실히 이해하고 그 지식을 흡수하지 않으면 책을 읽은 의미가 없기 때문입니다. 우리에게 필요한 건 책이나 문장을 읽고 내용과 문맥을 이해하는 능력과 저자가 전하려는 말을 헤아릴 줄 아는 능력, '독해력'입니다.

앞으로의 시대를 살아가기 위해 꼭 필요한 능력인 '독해력'이 제가 전수하려는 다섯 번째 무기입니다. 예를 들어, 국어 시간에 '교과서 34쪽을 읽으세요'라는 말을 들으면 대부분 소리 내어 읽지만 이는 내용을 이해하는 것과 별개입니다. 많은 학생들이 언어영역에서 지문을 읽었음에도 문제를 틀리는 이유는 글은 읽을 줄 알아도 내용은 이해하지 못했기 때문입니다.

독서의 12가지 효과

① IQ 상승(지능, 머리가 좋아진다)

② 뇌(전전두엽 피질, 두정엽, 측두엽, 후두엽)의 활성화

③ 집중력 향상(전전두엽 피질, 집중력을 담당하는 부위 활성화)

④ 대화 능력, 공감력 상승

⑤ 노화 예방, 치매 예방

⑥ 문장력, 어휘력, 언어화 능력이 전반적으로 상승

⑦ 상상력, 창조성, 호기심 상승

⑧ 자기 긍정감 상승

⑨ 스트레스 해소(맥박수 저하)

⑩ 수면 촉진

⑪ 회복탄력성 상승

⑫ 독서량이 많을수록 성적 상향

✦✦
독해력 레벨을 확인하는 방법

여러분의 독해력 레벨을 테스트할 수 있는 간단한 방법이 있습니다. 책 한 권을 다 읽고 그 내용을 친구나 가족에게 설명하는 것입니다. 책을 보면서 설명해도 괜찮습니다. 얼마나 자세히 설득력 있게 설명할 수 있는지, 몇 분 동안 설명할 수 있는지가 핵심입니다. 만약 책에서 말하는 내용을 제대로 이해했다면 충분히 설득력 있는 설명이 가능합니다. 하지만 대부분은 그러지 못할 겁니다.

"가바사와 씨 팬입니다!《아웃풋 트레이닝》내용이 너무 좋아서 몇 번이나 읽었어요!"라고 말하는 사람에게 "《아웃풋 트레이닝》의 어느 부분이 가장 좋으셨나요? 가장 도움이 된 부분을 알려주세요"라고 질문하면 바로 말이 없어집니다. 몇 번이나 읽었는데도 내용을 설명하지 못하는 이유는 무엇일까요? 책의 내용을 이해하지 못해 기억에 남지 않았기 때문입니다. '몇 번이나 읽었다'라는 말과 '제대로 이해하고 머리에 새겼다'라는 말은 차원이 다른 이야기니까요.

2시간 동안 책 한 권을 읽었을 때, 내용을 8% 이해한 사람과 80% 이해하는 사람이 있습니다. 같은 시간을 투자했는데 배움의 효과는 10배나 차이 나죠. 이 차이는 '독해력'에 달려 있습니다. 책을 읽은 뒤 고민 해결법을 찾았다고 해도 무용지물입니다. 독해가 제대로 안 된 독서는 책 속의 지식을 내 것으로 만들 수 없습니다. 그 상태에서 행동으로 옮기는 건 더욱 어렵고요. 결국 책을 읽은 의미가 없다고 보면 되겠습니다.

◆◆
독해력으로 모든 능력치가 오른다

독해력을 높이는 방법은 간단합니다. 책을 읽고 난 뒤에 '감상'을 쓰면 됩니다. '책을 읽는다 → 감상을 적는다 → 말한다' 이 과정을 반복하면 독해력은 물론 거의 모든 능력이 오른다고 해도 과언이 아닙니다.

'인풋 → 아웃풋 → 피드백'의 과정을 '아웃풋 사이클'이라고 하는데요. 이 과정에서 다양한 능력치가 상승합니다. 아웃풋 사이클은 뒤에서 더 자세히 설명하겠습니다.

독서 아웃풋 사이클로 모든 능력치를 얻을 수 있다니 놀랍지 않나요? 살아가는 데 필요한 대부분의 능력은 '독해력'을 단련하면 얻을 수 있습니다. 인생을 살아가기 위해서는 스스로 생각하고 결단을 내려 행동해야 하는데, 이 모든 것을 한 번에 훈련하는 방법이 바로 '독서'입니다. 세상에 이렇게 효율적인 두뇌 훈련법은 없습니다.

독해력이 높으면 인풋의 효과는 10배가 됩니다. 여기서 연쇄 작용이 일어나 아웃풋도 10배 이상의 효율을 내고 아웃풋 사이클은 술술 돌아갑니다. 결과적으로 자기 성장을 10배 이상 빠르게 이룰 수 있습니다.

책을 읽고 감상을 쓴다

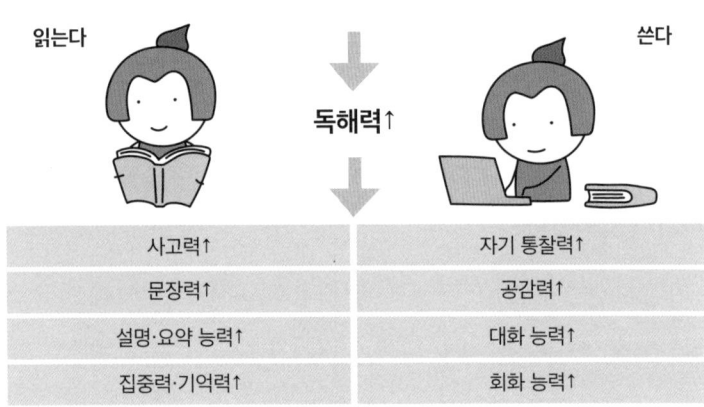

읽는다	독해력↑	쓴다
사고력↑		자기 통찰력↑
문장력↑		공감력↑
설명·요약 능력↑		대화 능력↑
집중력·기억력↑		회화 능력↑

독서 아웃풋 사이클의 8가지 효과

① 책을 읽고 나서 내용과 주제, 저자의 의도에 대해 생각하면 사고력이 길러진다.

② 감상을 정리해 문장으로 쓰면 문장력과 요약 능력을 기를 수 있다.

③ 어떻게 느꼈는지, 어떻게 생각했는지 스스로 마주하면서 자기 통찰력이 상승한다.

④ 감상문은 내용을 설명해야 하기 때문에 설명하는 능력이 길러진다.

⑤ 2~3시간 책을 계속 읽으니 집중력이 올라간다.

⑥ 내용을 정리해서 쓰면 기억을 정리하는 연습이 된다.

⑦ 책의 등장인물에게 감정 이입하며 공감력을 훈련할 수 있다.

⑧ 책의 내용이 대화의 소재가 되기에 대화 능력도 길러진다.

독해력은
생각하는 힘
그 자체다

인공지능 시대일수록 필요한 능력

 "현대 디지털 사회에서 아날로그적인 독서는 왜 필요할까?"

 "다른 최신 기술을 이용해 노력하는 편이 낫지 않을까?"

누군가는 이런 의문을 가질 수도 있습니다. 하지만 '독해력'이 야말로 인공지능 시대에 반드시 필요한 능력입니다. 앞에서도 말했지만 자신의 고민을 인터넷에 검색해 해결 방법과 대처법을 얻었다고 해도 그 내용을 제대로 이해하지 못했다면 이후에 하 게 될 행동도 어긋나기 마련입니다. 그럼 아무리 시간이 흘러도 고민은 해결되지 않겠지요. 그리고 애초에 검색창에 적절한 키 워드를 입력하지 않으면 올바른 해결책을 얻을 수도 없습니다.

검색엔진이나 챗GPT 같은 인공지능, 앞으로 더 크게 진화할 로봇도 마찬가지입니다. 이미 아마존 알렉사, 구글 제미나이 등 에서는 질문하거나 조작할 때 음성으로 물어보는 기능이 있습 니다. 가까운 미래에 우리는 AI 로봇에게 음성으로 명령하거나 궁금한 것을 질문하며 살아가겠지요.

로봇에 적절한 단어로 지시해야 하는 상황이 왔을 때 독해력 이 낮은 사람은 적확한 단어를 사용하지 못할 가능성이 큽니다.

인풋을 제대로 소화하지 못해 아웃풋 능력이 떨어지기 때문입니다. 독해력이 낮은 사람에게는 로봇에 혹사당하는 무시무시한 미래가 기다리고 있을지도 모릅니다.

독해력을 높이는 3가지 방법

책을 많이 읽으면 독해력은 저절로 높아질까요? 아니요. 단순히 많이 읽는다고 독해력이 높아지는 건 아닙니다. 성인들도 이 부분에 관해서 착각하고 있는 경우가 많습니다. 책 한 권의 감상을 1분 정도 설명할 수 있던 사람이 같은 방식으로 100권을 읽었다고 감상을 30분 동안 설명할 수 있을까요? 똑같이 1분 정도 설명할 수 있을 것입니다.

[심독하는 방법]

① 책을 읽으면 감상을 말한다.

② 책을 읽으면 감상을 쓴다.

③ 감상문 쓰기를 전제로 책을 읽는다.

다섯 번째 무기 ◆ 독해력

단어를 다듬어라!
인공지능은
단어로 움직인다

방법1 **책을 읽으면 아웃풋 한다**

독해력의 레벨은 책 한 권에서 '얼마나 많은 정보를 얻어내는 가'에 따라 결정됩니다. 책을 읽고 그 책에 대해 10분 동안 말할 수 있다면 제대로 이해한 상태입니다. 정보를 얻으려면 인풋뿐만 아니라 아웃풋을 병행해야 합니다. 인풋×아웃풋을 통해 책을 깊이 읽을 수 있게 되었을 때 독해력이 길러집니다.

제가 만든 말이지만, 깊이 읽는 것을 심독深讀이라고 합니다. 독해력을 기를 때 필요한 능력은 '다독'이 아닌 '심독'입니다. 책을 몇 권 읽었는지보다 중요한 건 아웃풋을 얼마나 정성스럽게 했는지입니다. 4시간이 주어졌을 때 4시간 내내 책을 두 권 읽는 것보다 2시간 동안 한 권을 읽고 나머지 2시간을 아웃풋에 사용하는 게 더 효과적입니다. 제가 생각하는 독서는 '읽고(독讀)' 감상을 '쓰는(서書)' 것입니다.

그러니 우리는 아웃풋을 의식하면서 깊이 있게 읽도록 노력해야 합니다. 아웃풋 하지 않는 독서는 '독독讀讀'입니다. 그저 읽을 뿐이죠. 모처럼 입력된 정보가 머리에서 뚝뚝 떨어져 나가니 기억에 남지도 않고 몸에도 새겨지지 않습니다. 독해력도 길러지지 않고 자기 성장으로 이어지지도 않지요. 이는 결국 돈과 시간 낭비입니다.

독서에도 '채점'이 필요하다

30분 분량의 애니메이션 한 편을 보고 다음 날 친구에게 30분 정도 이야기해본 적이 있나요? 이는 내용을 이해하고 기억했기에 가능한 일입니다. 이 지점에서 아웃풋을 하고 나서야 인풋을 했다는 사실을 확인할 수 있습니다. 아웃풋이란 '독해력을 기르는 최고의 훈련'인 동시에 '인풋을 확인하는 방법'이기도 합니다.

오늘부터는 읽은 책에 대해 친구와 의논해 보세요. 독해력을 기르는 가장 효과적인 방법이니까요. 같은 책을 읽고 이야기를 나누면서 내가 의식하지 못했던 정보도 얻을 수 있습니다. '그렇게 생각할 수도 있구나', '듣고 보니 그런 것 같다'라고 생각하는 순간 새로운 세계가 펼쳐질 테니까요.

주변에 나와 같은 책을 읽은 사람이 없다면 인터넷에서도 충분히 의논이 가능합니다. X 혹은 인스타그램에 책 제목을 검색하면 수많은 사람들의 글이 나옵니다. '재밌다' 혹은 '지겹다'와 같은 단순한 감상만 쓴 사람도 있겠지만 여러분이 알아채지 못한 부분을 심오하게 지적하거나 색다른 시각의 글을 쓴 사람도 분명히 있습니다. 그 글을 읽고 '아, 그렇구나'라고 생각한 순간 두뇌 회로는 새롭게 이어집니다. 깨달음은 성장을 불러오지요.

책에 대해 말하는 건 '문제집을 채점하는 것'과 같습니다. 문제집을 아무리 많이 푼다고 해도 채점하지 않으면 틀린 부분을 수

독서란 '읽고' 감상을 '쓰는' 것

정할 기회가 없겠지요. 그러면 지금까지 자신에게 없었던 관점이나 시각, 깊게 파고드는 방법을 배울 수 없습니다.

말은 채점이라고 했지만 사실 독서에는 '반드시 이래야 한다' 같은 것은 없습니다. 스스로 깨달은 것이 정답이니까요. 책을 읽고 의논하는 과정에서 무언가 새로 깨달았다면 독해력은 분명히 향상되어 있을 거라 확신합니다.

방법2 일단 재밌게 읽는다

독해력을 높이기 위해서는 반드시 책을 읽어야 한다는 사실을 알게 된 당신. '어떤 책을 읽으면 좋을까?', '만화책도 상관없나?'라고 궁금해할 수도 있겠네요. 결론부터 말하자면 만화, 잡지를 제외한 책이라면 어떤 책이어도 상관없습니다.

만화는 대사(문자 정보)뿐만 아니라 그림이라는 시각 정보와 비주얼로 인물의 감정과 스토리까지 표현하기 때문에 감상을 말하면 아웃풋을 연습하고 두뇌를 훈련하는 데 도움이 되기는 하지만 독해력이 길러지지는 않습니다. 잡지는 글자 수는 많지만 대부분 짧은 문장으로 쓰여 있고 인터넷 기사나 신문도 가독성을 살린 단문의 집합체입니다. 긴 문장을 정리한 글이 아닌, 이해하기 쉽게 쓰인 문장들의 나열입니다. 물론 만화책은 재미있게 읽을 수 있고 잡지에는 유용한 정보가 들어 있지만 독해력을 기르는 데 큰 도움이 되지는 않습니다.

독서에 익숙하지 않은 사람이라면 '책 읽는 것은 재밌어!', '이렇게 재밌는 책은 처음 읽어봐!'와 같은 즐거운 경험을 해보는 게 먼저입니다. 10대 때 재밌는 독서를 해본 사람은 책에 대한 거부감 사라집니다. 나도 모르게 이 책, 저 책을 읽으면서 자연스럽게 독해력도 길러집니다.

 "조금 어렵지만 '과학 도서', '역사 도서', '심리학 도서'도 읽으면 좋을까?"

읽고 싶으면 당연히 읽어도 됩니다. 하지만 읽고 싶지 않은 분야의 책을 무리하게 읽지는 마세요. 고행하는 독서는 이어가지도 못할뿐더러 책 자체에 거부감이 생길 수도 있기 때문입니다.

다섯 번째 무기 ✦ 독해력

방법3 먼저 라이트 노벨을 읽어본다

저는 고등학생 때 SF, 판타지, 공포 등 오락 소설만 읽었습니다. 당시에 '라이트 노벨(라노벨)'이라는 말은 없었지만 지금이라면 분명 그 장르에 속하는 소설입니다. 고등학교 1학년 여름방학이었습니다. 친구가 '이 책 진짜 재밌으니까 꼭 읽어!'라며 시리즈 책 5권을 빌려주었는데요. 그 책은 검과 마법이 나오는 대하판타지소설 《구인사가》 시리즈였습니다.

평소 SF영화를 좋아하던 저는 그때까지 소설을 읽은 적이 거의 없었습니다. 그런데 《구인사가》 시리즈를 읽고 큰 충격에 빠지고 말았죠. 디테일한 문장과 정교한 인물 묘사로 영화를 뛰어넘는 표현의 위대함을 느꼈기 때문입니다. '이렇게 재밌는 소설이 있었다니! 책이 이렇게 재밌는 거구나!' 하고 진심으로 놀랐던 기억이 아직도 생생합니다. 제 인생이 변한 순간이었으니까요.

그 이후에는 매일 닥치는 대로 소설을 읽었습니다. 전철을 타고 등하교를 하는 30~40분을 이용해 3~4일에 책 한 권(문고본 기준)을 읽었습니다. 쉬는 날에는 중고 서점에 가서 읽을 만한 책을 찾아다니기도 했습니다.

SF소설이라면 SF의 대가로 불리는 필립 K. 딕Philip K. Dick을, 호러소설이라면 크툴루 신화의 세계관을 만든 하워드 필립스 러브크래프트Howard Phillips Lovecraft를 좋아합니다. SF판타지호러소설가로 유명한 기쿠치 히데유키菊地秀行와 《음양사》로 유명한 유메마쿠라 바쿠夢枕獏도 좋아하지요. 그러다 와타나베 준이치渡辺淳一의 의학소설(지금으로 말하면 의학 미스터리)에 빠지면서 의학 세계에 흥미를 갖게 되었습니다. 그리고 대학교 6학년 때 유메노 규사쿠夢野久作의 추리소설 《도구라 마구라》를 만났습니다. 이 책을 읽고 '내가 평생 파고들 분야는 정신의학뿐이다'라고 생각해 정신건강의학과 전문의를 꿈꾸게 되었죠.

심리학, 역사, 종교와 같은 학술적인 책은 대학교에 들어간 뒤부터 읽기 시작했습니다. 저는 고등학교까지 라이트 노벨에 푹 빠져 있었습니다.

'재미'를 느끼는 것이 시작이다

제가 왜 그렇게 책을 읽었는지 궁금해하는 분들이 많은데요. 사실 '재미' 말고 다른 이유는 없었습니다. 저는 중학교 때만 해도 국어가 가장 약한 학생이었지만 고등학교 2~3학년 때 국어는 제가 가장 잘하는 과목이 되어 있었습니다. 대학생 때는 입시학원에서 소논문을 첨삭하는 아르바이트를 할 정도의 실력을 갖추게 되었죠.

재밌으니까 많이 읽은 것뿐입니다. 종종 SF를 좋아하는 사람들과 SF영화와 SF소설에 대해 의견을 나누기도 했는데요. 평소에 말수가 적은 편이었던 저도 그 순간만큼은 엄청난 수다쟁이로 변했습니다.

이런 식으로 저는 고등학생 때부터 자연스럽게 독서를 통한 인풋과 아웃풋 사이클을 빙빙 돌리고 있었습니다. 그때 만약 라이트 노벨을 그만큼 읽지 않았다면 지금 1년에 다섯 권의 책을 집필하는 '작가'로서의 가바사와 시온은 존재하지 않았겠지요. 《구인사가》를 읽고 '책이 이렇게 재밌는 것이구나!'라고 생각했던 그 순간에 제 인생이 크게 달라진 것은 분명합니다.

◆◆

독서가 인생을 바꾼다

제 경험을 통해 저는 여러분에게 '독서가 인생을 바꾼다'라고 확실하게 말할 수 있습니다. 다만 《구인사가》처럼 '인생을 바꾸는 한 권'을 만나기 위해서는 수십 권의 책을 읽어야 할 지도 모릅니다. 그렇다고 인생을 바꾸지 않는 나머지 책의 독서는 의미가 없는 건 아닙니다. 독해력을 기른다는 마음으로 받아들이면 다양한 능력까지 향상될 테니까요.

제가 여러분에게 건넨 다섯 번째 무기는 '독서'가 아닌 '독해력'입니다. '독해력이 생기는 독서'가 아니면 의미가 없습니다.

그러려면 읽고, 써야 합니다. 독서와 아웃풋을 합치는 것이죠. 지금 당장 손에서 스마트폰을 놓고 책을 펼치세요. 독해력을 갖게 되는 순간 여러분 앞에 눈부신 길과 무한한 가능성이 열릴 테니까요.

•••정리•••

① 고민이 있을 땐 '정보(집단지성)'에 기대자. 선인들의 지혜를 이용한다.

② 검색으로 대처법을 찾아본다. 고민은 해야 할 일(TO DO)로 바꾸자.

③ 인공지능 시대에 가장 중요한 능력은 '독해력'이다.

④ '읽고 쓰는 것'이 독서다. 책을 읽었다면 감상을 쓴다.

⑤ 책을 읽고 서로 이야기하자. '깨달음'은 자기 성장으로 이어진다.

⑥ 우선 재밌는 책부터 읽어라! 독서가 재밌다는 걸 느껴라.

⑦ 인생을 바꿀 책 한 권을 만나자!

STEP 3

행동하기

호기심

여섯 번째 무기: 호기심

올바른 방향을 정해
나아가다

✦✦

인생의 나침반

앞에서 소개한 5가지 무기를 통해 스스로를 '정비'하고 타인과 '연결'했다면, 마지막으로 '행동'할 차례입니다. 안개가 자욱한 날, 가야 할 방향을 정하지 않은 채 달리면 어떻게 될까요? 사고를 당하거나 길을 잃어버릴 가능성이 높아집니다. 여섯 번째 무기로는 올바른 방향으로 전진하기 위한 인생의 나침반 역할을 하는 능력, '호기심'을 전수하겠습니다.

호기심은 '창조성', '상상력', '무에서 유로 만드는 능력' 등으로 이어집니다. '회복탄력성'과 '제어력'은 살아가는 데 없어서는 안될 필수 무기인 반면, '호기심'은 가지고 있으면 좋은 무기입니다. 필수는 아니지만 갖고 있다면 남들보다 월등히 뛰어난 사회의 구성원이 될 수 있습니다.

게임에서 회복탄력성과 제어력은 검이나 방패, 갑옷입니다. 두들겨 맞지 않기 위해 장착하는 아주 기본적인 장비지요. 호기심은 '보물 상자를 찾아내는 완드(지팡이)'입니다. 이 마법을 쓸 수 있는 완드가 있다면 보물 상자나 레어템을 놓치지 않을 수 있습니다. 물론 완드가 없어도 게임을 클리어할 수 있지만 완드가 있으면 유리한 상태에서 빠르게 클리어할 수 있지요.

인생도 마찬가지입니다. 인공지능 시대에서는 호기심을 갖고 있는 사람이 그렇지 않은 사람에 비해 2배 이상 빠르고 즐겁게 그리고 유리하게 살아갈 수 있습니다.

✦✦

호기심은 '즐거움'을, 즐거움은 '가능성'을 부른다

호기심이 무엇이라고 생각하시나요? 호기심은 희귀한 것이나 알 수 없는 것에 흥미를 느끼는 마음, 즐거움을 탐지해 내는 후각, 재밌는 일에 반응하는 안테나를 말합니다. 호기심이 없는 사

매일 즐겁습니까, 괴롭습니까?

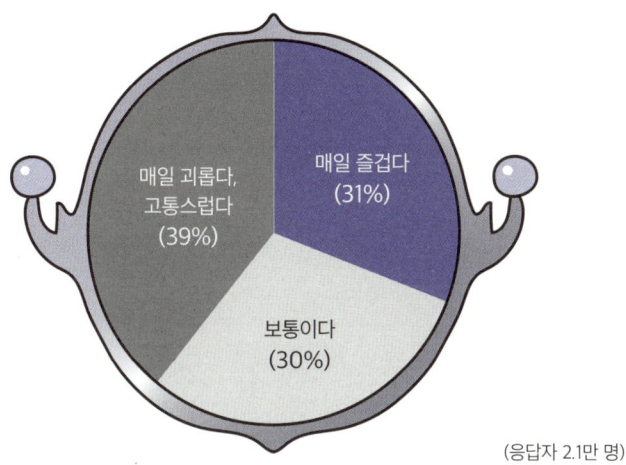

(응답자 2.1만 명)

람은 주변에서 일어나는 즐겁고 재미난 일을 발견할 수 없기 때문에 지겹다고 느낍니다. 성인이 되고 나서도 '즐거운 일이 없어', '매일 괴로워'라고 투덜거리는 사람들이 많습니다.

제가 직접 조사한 바에 따르면 '매일 즐겁다'라고 생각하는 사람은 단 31%였습니다. 반대로 생각하면 성인의 69%는 매일 즐겁지 않다는 말입니다. 심지어 '매일 괴롭거나 고통스럽다'라고 응답한 사람이 무려 39%나 되었습니다.

열심히 공부해서 대학교에 가고 어엿한 사회인이 되었는데 다섯 명 중 두 명은 '사는 게 즐겁지 않다'니요. 이 얼마나 안타까운 미래인가요. 여러분은 어른이 되었을 때 어떤 날들을 보내고 싶은가요? 하루하루를 즐겁게 보내는 어른이 되고 싶다면 지금부터 호기심을 길러두어야 합니다.

 "하고 싶은 일이 없어요."

 "뭘 해도 즐겁지 않아요."

 "취미도 딱히 없어요."

 "푹 빠질 만한 일이 없어요."

 "매일매일이 지루해요."

호기심이 없는 사람은 일상이 지루하다고 느끼지만 호기심이 많은 사람은 즐거운 일을 스스로 찾아냅니다. 이 과정에서 자신의 강점과 특기, 개성, 가능성까지 발견할 수 있게 됩니다. 즐거운 일이라면 얼마든지 계속할 수 있습니다. 계속하다 보면 자연스럽게 잘하게 되고, 깊이 이해하게 되고, 미래의 가능성까지도 확장됩니다. 건강한 삶의 순환이 연쇄적으로 일어나기 때문에 성공에도 빠르게 가까워집니다. 호기심이야말로 '성공으로 가는 지름길'이며 '성공의 조건'이라고 할 수 있습니다.

호기심은 새롭고 즐거운 일에 대한 심리적 장벽을 없애는 역할도 합니다. '재밌어 보이니 일단 한번 해볼까?'라고 생각하며 첫걸음을 떼는 게 쉬워지죠. 추진력도 생깁니다. 두 사람이 TV를 통해 방영되는 탁구 경기를 보고 있는 상황을 예로 들면, 호기심이 없는 사람은 '언젠가는 해보고 싶다'에서 끝나지만 호기심이 왕성한 사람은 근처에 있는 탁구장을 알아보고 다음 날에는 손에 라켓을 쥐고 있습니다. 그리고 '재밌었다!', '운동하면 기분이 좋네!', '탁구가 나랑 좀 맞는 것 같아!' 등의 새로운 느낌을 경험합니다.

근처에 새로운 가게가 생겼을 때 '간다/가지 않는다'로 호기심을 진단할 수 있습니다. 학교에서 집으로 가는 길에 미국에서 유명한 햄버거 체인점이 오픈한다는 이야기를 들었을 때 여러분은 어떻게 할 건가요?

'무슨 맛일지 궁금해. 오픈하면 바로 가봐야지!'라고 생각하거나 '햄버거에 큰 관심이 없는데. 찾아가는 것도 귀찮아'라고 할 수 있지요. 이때 호기심을 행동으로 옮기면 새로운 가능성이 펼쳐집니다. 햄버거 맛에 감동해 미국으로의 유학을 꿈꾸거나 전국의 유명한 햄버거 가게를 찾아다니는 취미가 생길 수도 있으니까요. 호기심을 갖고 행동하면 즐거움의 감도가 높아지고 그럴수록 호기심은 더 강해집니다. 여러분이 가진 모든 가능성이 확장되고 인생은 점점 더 재밌어질 거예요.

✦✦

호기심의 물질 '아세틸콜린'을 활성화시켜라

'정비'에는 세로토닌, '연결'에는 옥시토신, '행동'에는 도파민 등 우리 몸에는 각각에 관여하는 행복 신경전달물질이 있습니다. 이 신경전달물질들이 작용하면 인생은 행복해진다고 보면 됩니다. 그렇다면 호기심을 담당하는 신경전달물질은 무엇일까요? 제4의 물질인 '아세틸콜린'입니다. 아세틸콜린은 창조성과 순간적인 깨달음과 관련이 있는 물질로, 보통 새로운 장소에 갔거나 체험을 했을 때, 처음 보는 사람과 만났을 때 등 흥미로움을 느끼면 분비됩니다.

아세틸콜린 신경이 활성화되면 호기심이 많아지면서 창조성 creativity 이 풍부해져 기존의 틀에 얽매이지 않는 새로운 발상을 할 수 있습니다. 그만큼 무에서 유를 만드는 혁신적innovation인 아이디어를 떠올리기도 쉽겠지요. 인공지능 시대에 가장 중요한 신경전달물질은 아세틸콜린입니다.

아세틸콜린이 분비되면 뇌 전체가 활성화되면서 기억력도 좋아집니다. 기억력이 좋아지면 학교 공부도 효율적으로 할 수 있고 자연스럽게 성적도 올라가겠지요. 반대로 아세틸콜린이 가장 떨어진 상태가 '치매'입니다. 일본에서 최초로 승인받은 치매치료제 '도네페질'은 아세틸콜린의 양을 늘리는 약이었습니다.

아세틸콜린은 호기심 그 자체입니다. 게임으로 말하면, 호기심이 있는 사람은 걸을 때마다 체력이 회복되는 '행복의 신발'을 신고 있는 상태입니다. 호기심이 없는 사람은 걸을 때마다 체력이 줄어드는 '독'에 오염된 상태입니다. 10대인 여러분이 호기심을 늘리지 않을 이유가 없어 보이네요.

인공지능 시대에는 많은 직업이 사라진다!

인공지능 시대에 왜 호기심이 필요한 걸까요? 이유는 단순합니다. 호기심이 없는 사람은 인공지능에 완전히 패배할 수밖에 없기 때문입니다. 가까운 미래에는 직업까지 잃게 될 가능성이 높습니다. 최근 '인공지능 시대에 사라질 직업'에 관련된 기사나 '앞으로 인공지능에 일을 빼앗긴다'라는 내용을 다룬 책들을 많이 발견할 수 있습니다. 결론부터 말하자면, 지금 있는 직업 중에서 대다수는 10~20년 뒤에 사라질 겁니다. 물론 그만큼 새로운 직업도 생겨나겠지요.

예를 들면, 과거의 '무사', '뱃사공', '우산 수리공'과 같은 직업은 현대 사회에 존재하지 않지만 '프로그래머', '스마트폰 가게 점원' 등은 새로 생긴 직업이지요. 수요가 없는 직업은 사라지는 한편 시대가 변화하고 기술이 진보하면서 일어나는 수요로 새로운 직업이 생겨나는 것이죠. 이때 호기심이 없는 사람은 새로운 수요와 직업을 명확하게 분별할 수 없습니다. 얼마 안 가 수요가 없어질 직업이라는 사실을 알아채지 못하니 시대에 뒤처지게 되겠죠.

호기심 많은 사람이 성공하는 이유

인공지능이 가장 잘하는 건 빅데이터 분석입니다. 지금까지 일어났던 사건과 수많은 데이터를 분석해 과거를 지배합니다. 하지만 미래에 무슨 일이 일어날지 예측하지는 못합니다. 상품을 소비하는 쪽은 인간이니 인간의 행동과 심리를 예측해 새로운 무언가를 만들어내는 것도 결국 인간이 할 수 있는 일입니다. 따라서 인공지능이 제안할 수 없는 아이디어를 내놓는 것이 인간이 앞으로 해야 할 주요 임무입니다. 여기에 필요한 능력이 바로 '호기심', '창조성', '무에서 유를 창조하는 능력'입니다.

호기심을 단련하는 3가지 방법

호기심(=아세틸콜린)은 평소와 다른 날을 가장 좋아하고 매너리즘에 빠지는 걸 싫어합니다. 새로운 사람과 만나고 새로운 장소에 가서 새로운 일을 하는 것만으로 아세틸콜린이 분비되면서 여러분의 뇌가 활성화됩니다.

방법1 새로운 사람과 만난다

청소년들은 보통 집과 학교 위주로 생활하다 보니 새로운 사람을 만날 기회가 적습니다. 따라서 같은 반 안에서 '평소에 이야기하지 않았던 친구'에게 말을 거는 것만으로 충분히 호기심을 발동시킬 수 있습니다. 이유야 무엇이든 좋습니다. 친구의 가방에 달려 있는 캐릭터 키링을 보고 '나도 그 캐릭터 좋아해!'라고 말해보세요. 자기만의 세계에 갇혀 있으면 새롭고 즐거운 일은 일어나지 않습니다. 당연히 호기심도 자라나기 어렵겠죠.

먼저 다가가 말을 걸어보세요. 말을 걸면 뭐라도 일어날 가능성이 생깁니다. 여러분은 지금부터 부지런히 동료를 만들어 정보를 얻고 모험을 떠나야 합니다! 혹여 무시당하거나 관계에 진전이 없다 해도 친구 레벨이 0이었으니 현상은 유지됩니다. 여러분이 크게 손해 보는 일은 없습니다. 동아리나 서클에 참여하거나 아르바이트를 하는 것도 새로운 사람과 만날 수 있는 좋은 기회이니 활용하길 바랍니다.

방법2 가본 적 없는 장소에 간다

여러분에게 한 번도 가본 적 없는 곳으로 여행을 가라고 하면 '돈도 없는 학생들이 어떻게 여행을 가요?'라고 할 수 있겠네요. 그렇다면 제가 300만 원의 예산을 드리겠습니다. 이 돈으로 가

여섯 번째 무기 ✦ 호기심

고 싶은 곳에 일주일 동안 간다는 생각으로 구체적인 여행 계획을 세워보세요.

새벽 비행기를 타고 하와이 호놀룰루에 가볼까요? 첫째 날 유명한 팬케이크 집에 들러 점심을 맛있게 먹고 석양이 보이는 해변에서 저녁 시간을 즐깁니다. 둘째 날은 관광지를 돌아다니고…… 구체적으로 계획을 세울수록 더 좋습니다. 비행기 시간, 호텔, 관광지, 맛집 정보까지 전부 인터넷에 검색하면 찾을 수 있습니다.

아름다운 풍경과 먹어본 적 없는 음식은 사진을 보는 것만으로도 가슴을 두근거리게 만듭니다. 그리고 '언젠가 이곳에 꼭 갈 거야!', '이 멋진 풍경을 실제로 보면 얼마나 좋을까?', '나도 저 음식 먹고 싶어!'라는 생각이 들죠. 실제로 간다고 생각하면서 구체적으로 상상하는 유사 체험 또한 뇌를 자극하기 때문에 아세틸콜린이 활성화됩니다.

공원, 미술관, 박물관 등 이전에 가본 적 없는 곳에 친구가 함께 가자고 한다면 망설이지 말고 '예스!'를 외치세요. 새로운 곳에서의 경험은 뇌를 활성화시키는 좋은 훈련입니다. 물론 집에서 빈둥거리는 것이 더 좋다는 사람도 있겠죠. 그러나 평소에 행동력이 없는 사람이 눈앞에 기회가 왔을 때 잡을 수 있을까요? 아세틸콜린을 의식해서라도 다양하고 새로운 곳에 많이 다녀보

친구가
새로운 곳에
가자고 하면
가능한 한
'예스'라고
대답해라!

길 바랍니다.

방법3 해본 적 없는 일을 한다

호기심이 강한 사람은 무언가를 시작할 때 쉽게 다가갈 수 있습니다. 해본 적이 없는 일에 도전하면 시야가 넓어지고 경험치도 눈에 띄게 올라갑니다. 이런 모습을 두고 '컴포트 존(안전지대)에서 나온다'라고 하는데요. '컴포트 존'은 익숙해져서 불안과 스트레스 없이 지낼 수 있는, 심리적으로 안정감을 느끼는 영역을 말합니다.

새로운 일을 하는 것 그 자체로 모험이 될 수 있습니다. 누군가는 하루하루가 지겹다고 생각할지 모르겠지만, 사실 모험은 멀리 있는 게 아닙니다. 일상을 살짝 벗어난 바로 그곳에 있지요. 예를 들어 친구가 추천한 애니메이션의 1화를 보는 것도 일종의 모험입니다. 처음에는 흥미가 없었어도 보다 보니 재밌어서 2화, 3화까지 보게 될 수도 있으니까요. 그것만으로 여러분의 세계는 넓어집니다. 애니메이션의 어느 부분이 재밌었는지 말로 설명할 수 있다면(=아웃풋) 자기 통찰도 깊어지기에 내 안의 새로운 면을 발견할 수 있습니다.

새로운 세계를 보는 것 역시 아세틸콜린의 활성화로 이어집니다. 자주 가는 식당에서 먹어본 적이 없는 메뉴에 도전하는 것도 작은 모험이지요. 대부분의 사람들은 새로운 것에 도전하기를 두려워하지만 지금부터는 이렇게 생각해 보세요. 도전이 아니라 모험을 떠나는 것입니다! 게임과 애니메이션에서만 보던 모험을 우리도 떠나봅시다. 도전에서 모험으로 단어만 바꿨을 뿐인데 벌써 가슴이 두근거리네요.

✦✦
누구에게나 호기심이 있다!

사실 10대 여러분에게는 태어날 때 갖고 있던 호기심이 아직 존재합니다. 인간의 호기심이 가장 강한 시기는 갓난아기일 때입니다. 이때는 '호기심 덩어리'라고 불러도 될 정도로 모든 일에 흥미와 관심이 있습니다.

하지만 호기심은 자라면서 줄어드는 경향이 있습니다. 왜 그런 걸까요? '그거 하면 안 돼!'와 같은 말로 어른들에게 혼나는 일이 늘어나기 때문입니다. 집중해서 그림책을 보고 있는데 밥 먹어야 하니 정리하고 나오라든가, 하던 거 그만하고 이제 자라고 말씀하시죠. 흥미롭게 보고 있던 대상을 부정당한 듯한 기분이 들고, 학교에서는 내가 좋아하는 것을 친구가 부정하는 일도 생기곤 합니다.

　　　　　　　　　　　　여섯 번째 무기 ✦ 호기심

이런 경험들이 쌓이면 무언가가 '좋다'라는 말을 입 밖으로 꺼내기가 어려워집니다. 내가 좋아하고, 즐거워하고, 재밌어 보이는 것들에 대한 감정은 억누르고 상대에게 맞춰 얼버무리거나 아예 넘겨버리죠. 이대로 성인이 된다면 어떨까요? 호기심은 완전히 퇴화합니다. 어릴 때 잃어버린 호기심은 되찾기 힘든 영역입니다.

여러분이 지금 이 순간 호기심의 중요성을 깨달았다면 매우 칭찬해 주고 싶습니다. 이전에 어떤 경험으로 호기심에 이미 여러 개의 브레이크가 걸려 있을지는 몰라도 아직 퇴화하거나 완전히 사라지지는 않았으니까요.

지금부터는 스스로 걸고 있던 호기심 브레이크를 풀 차례입니다. 내가 좋아하고, 즐거워하고, 재밌어 보이는 것을 말로 꺼내 표현해야 합니다. 자신을 과감하게 드러내도 괜찮습니다. 브레이크가 풀리면 여러분의 호기심은 다시 살아나고, 어른이 되었을 때 꽃을 피울 것입니다.

호기심이 많으면 친구도 늘어난다

　호기심을 드러낼 때 주의해야 할 점이 하나 있습니다. 바로 '상대를 골라서 드러내야 한다'라는 것입니다. 공전의 히트를 기록한 애니메이션(원작은 만화책) 《귀멸의 칼날》을 좋아한다고 말하면 공감할 사람들이 많겠죠. 하지만 누군가는 잔인해서 싫다고 할 수도 있습니다. 이 한 사람에게 부정을 당했다고 기가 죽는 것만큼 무의미한 일이 또 있을까요?

　여러분은 흥미 안테나와 비슷한 감도를 가진 사람에게 다가가면 됩니다. 취미나 좋아하는 음악, 최애 아이돌이나 스포츠 선수를 주제로 이야기하세요. 호기심을 키우는 가장 좋은 훈련 방법이니까요. 결이 맞는 친구와의 대화로 옥시토신이 분비되면 '연결 고리'도 강화되겠지요.

　호기심이라는 공통점이 없다면 친구 사이가 깊어지기는 어렵습니다. '호기심을 드러내는 일'과 '연결 고리가 단단해지는 일'은 서로 이어져 있기 때문입니다. 학교에 딱히 재밌는 일이 없나요? 아니면 친구가 없나요? 이 말은 '공통된 화제'가 없다는 말이기도 합니다. 어쩌면 여러분의 '호기심 부족'이 원인일 수도 있지요.

좋아하는 것을
말하면
친구가 늘어난다

스스로 호기심이 부족하다고 비관할 필요는 없습니다. 청소년 여러분에게는 호기심을 되살릴 수 있는 기회가 아직 남아 있기 때문입니다. 자, 지금부터는 즐거워 보이는 일을 하세요. 호기심에 브레이크를 걸지 말고 친구가 무언가 하자고 제안하면 '예스!'라고 답하세요. 그리고 좋아하는 것들에 대해 자유롭게 이야기하면 됩니다. 사라지지 않은 호기심을 되살릴 수 있는 기회는 무궁무진합니다.

···정리···

① 호기심은 인생의 나침반이 되어준다.

② 호기심은 아세틸콜린을 활성화하며 창조성의 원천이 된다.

③ 한번도 말해본 적 없는 사람에게 내가 먼저 말을 걸어보자.

④ 가본 적 없는 장소에 간다.

⑤ 해본 적 없는 일에 도전하면 모험이 시작된다.

⑥ 호기심을 갖고 행동하면 인생이 즐거워진다.

⑦ 좋아하는 것을 말하면 친구가 늘어난다.

일곱 번째 무기

아웃풋 능력

강력한 무기

자기 성장을 이루는 최고의 방법

✦✦

아웃풋 사이클을 돌려라

지금까지 어른이 되기 전에 갖춰야 할 6가지 무기를 소개했습니다. 마지막 일곱 번째 무기는 '아웃풋 능력'입니다. 7가지 능력이 살아가는 데 모두 중요하긴 하지만, 현실을 바꾸고 자기 성장을 이루는 데 필요한 최강의 무기는 '아웃풋 능력'입니다.

물론 아웃풋만 한다고 아웃풋 능력이 저절로 길러지는 건 아닙니다. 앞에서 설명했듯이 '인풋 → 아웃풋 → 피드백'의 사이클을 반복해야 합니다. 이 과정이 아웃풋 능력을 기르는 가장 좋은 훈련이며 자기 성장을 이루는 최고의 방법입니다.

[아웃풋 사이클의 예시]

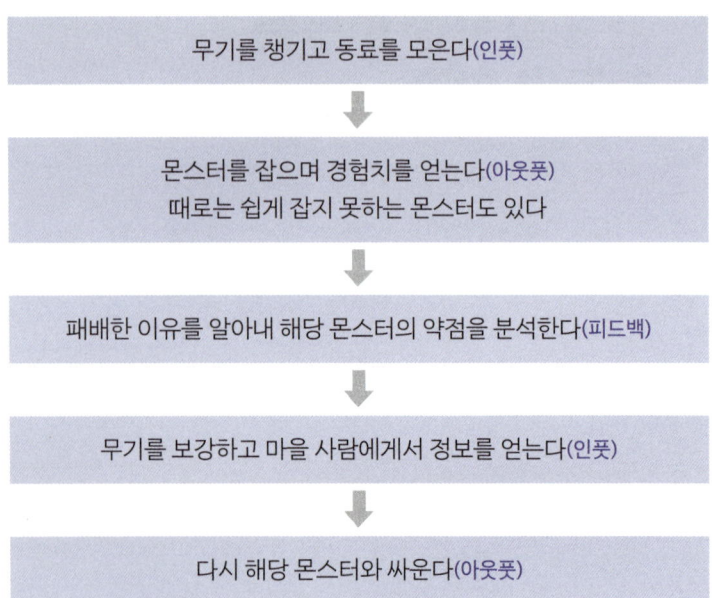

무기를 챙기고 동료를 모은다(인풋)

몬스터를 잡으며 경험치를 얻는다(아웃풋)
때로는 쉽게 잡지 못하는 몬스터도 있다

패배한 이유를 알아내 해당 몬스터의 약점을 분석한다(피드백)

무기를 보강하고 마을 사람에게서 정보를 얻는다(인풋)

다시 해당 몬스터와 싸운다(아웃풋)

　뇌과학에서 말하는 '자기 성장'이란 두뇌의 회로가 변하면서 새로운 회로가 강화된 모습입니다. 아웃풋 사이클을 돌리면 뇌 안의 새로운 회로가 튼튼해집니다. 지금의 내 모습에서 달라지고 싶다면, 혹은 새로운 무언가를 내 것으로 만들고 싶다면 아웃풋 사이클을 돌리는 게 가장 효과적입니다.

게임의 최종 목표는 보스를 쓰러뜨리고 세계에 평화를 가져다 주는 것이지요. 아무리 몬스터를 많이 잡고 레벨을 올려도 보스를 쓰러뜨리지 못하면 의미가 없습니다. 어떻게 보스를 쓰러뜨릴 수 있냐고요? 수백 번 넘게 몬스터와 싸우고 레벨 업과 스킬 업을 반복하면서 보스에게로 향하면 됩니다. 이를 우리 일상에 적용하면 다음과 같이 정리할 수 있습니다.

[현대 사회의 아웃풋 사이클]

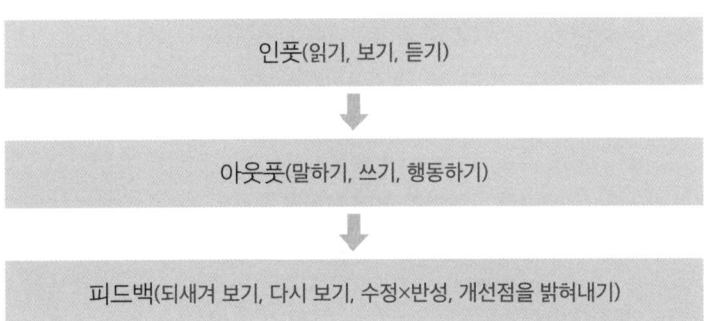

아웃풋 사이클을 돌리는 건 이 3가지를 반복하는 과정입니다. 사이클을 한 번 돌릴 때마다 레벨 업이 되고 나중에는 자기 성장을 이루어낼 수 있습니다.

✦✦

자기 성장은 공부하고 놀면서도 이룰 수 있다!

앞에서 회복탄력성을 소개할 때 100번 실패하고 그 실패를 경험으로 바꾸라고 한 말 혹시 기억하시나요? 아웃풋 사이클은 실패를 경험으로 바꿀 수 있는 가장 좋은 시스템입니다. 사이클을 돌리는 과정에서 다양한 경험이 쌓이면 레벨 업과 동시에 자기 성장까지 이룰 수 있기 때문입니다. 결국 자기 성장은 아웃풋 사이클을 돌리는 행위 그 자체라고 할 수 있습니다. 여러분의 이해를 돕기 위해 학교 공부를 예시로 들어보겠습니다.

[첫 번째 사이클]

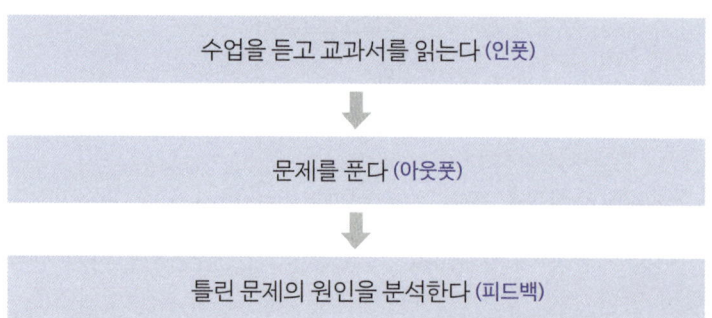

수업을 듣고 교과서를 읽는다 (인풋)

⬇

문제를 푼다 (아웃풋)

⬇

틀린 문제의 원인을 분석한다 (피드백)

　　　　　　　　　　　　일곱 번째 무기 ✦ 아웃풋 능력

[두 번째 사이클]

문제 해설과 교과서, 참고서를 다시 읽고 깊게 이해한다 (인풋)

다시 한번 같은 문제를 풀어보니 맞힐 수 있었다! (아웃풋)

어려운 응용문제에 도전하고 틀렸다면 다시 원인을 분석한다 (피드백)

이게 아웃풋 사이클을 돌리는 공부법의 정석입니다. 꼭 공부가 아니라 애니메이션에 관해 시시콜콜한 이야기를 나누면서 아웃풋 사이클을 돌릴 수도 있습니다. 신작 애니메이션의 첫 화를 본다(인풋) → '재밌다', '적의 필살기가 엄청나다', '그 장면은 무슨 의미일까?', '이야기가 어떻게 전개될까?' 등 반 아이들과 감상과 의견, 질문을 주고받는다(아웃풋) → 친구가 말한 의견을 바탕으로 다시 보고 '그렇게 볼 수도 있겠구나!' 하고 깨달음을 얻는다(피드백). 이러한 과정에서 아웃풋 사이클이 돌아 깨달음을 얻었으니 자기 성장을 이룬 것이지요.

학교 수업, 과외, 친구와 나눈 대화, 동아리나 서클 활동, 독서, 애니메이션이나 드라마 시청 등 일상의 모든 영역에서 아웃풋 사이클을 돌릴 수 있습니다. 이 사이클을 제대로 알고 실천한다면 매일이 깨달음으로 넘쳐나겠지요. 하루하루가 얼마나 즐거울지 상상이 되시나요? 놀면서, 공부하면서 즐겁게 경험치를 쌓고 자기 성장까지 이룰 수 있습니다. 오늘부터 아웃풋 사이클을 돌려보세요! 아웃풋으로 여러분의 인생을 바꿀 수 있습니다.

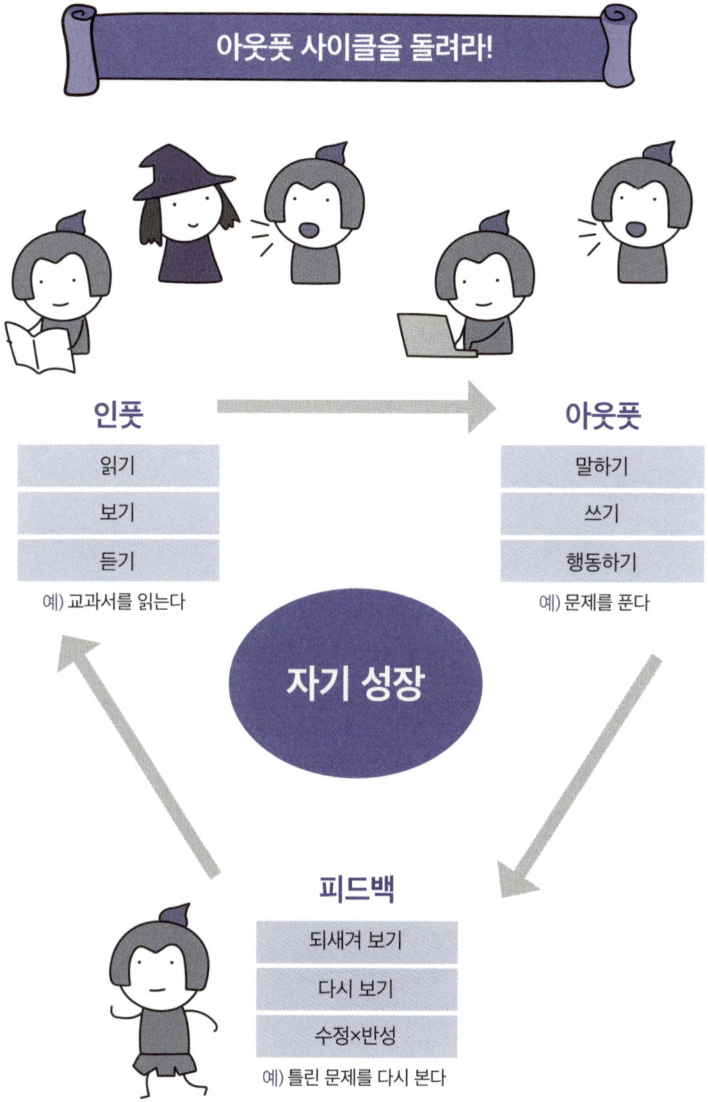

아웃풋 사이클을 돌려라!

인풋

읽기
보기
듣기

예) 교과서를 읽는다

아웃풋

말하기
쓰기
행동하기

예) 문제를 푼다

자기 성장

피드백

되새겨 보기
다시 보기
수정×반성

예) 틀린 문제를 다시 본다

✦✦
아웃풋 사이클과 7가지 무기

이미 눈치를 챈 사람도 있겠지만, 처음부터 지금까지 제가 말한 내용은 모두 '아웃풋 사이클'을 돌리기 위한 준비 단계였습니다. 앞에서 소개한 무기들을 아웃풋 사이클과 연계해 한 번 더 짚고 넘어가겠습니다.

무기 1 **정비력**

 몸과 마음을 재정비하기 위해 지금의 자신을 마주한다(인풋). 수면, 운동, 식사 등 일상을 기록한다(아웃풋). 시각화한 정보로 생활 습관을 개선한다(피드백).

무기 2 **회복탄력성**

 회복탄력성을 기르려면 실패하고 이를 경험으로 바꾸면 된다. 특히 이 과정에서 아웃풋 사이클을 통해 피드백을 실천하는 것이 중요하다. 피드백을 거친 실패는 성장의 자양분이 된다.

무기 3 제어력

스마트폰과 게임은 인풋형 오락이다. 오래 사용하면 인풋과 아웃풋의 균형이 틀어질 수밖에 없다. 제어력은 인풋과 아웃풋의 균형을 유지하는 힘이다.

무기 4 대인관계력

인간관계를 단단하게 하려면 대화가 필요하다. 상대의 이야기를 듣고, 생각하고, 정리해 자기 의견을 말한다. 대화 후에는 괜찮았는지 생각하고 다시 상대의 말에 귀를 기울인다. 대화란 아웃풋 사이클 그 자체이며, 질문과 상담 역시 아웃풋이다.

무기 5 독해력

책을 읽고(인풋) 감상을 말하거나 쓴다(아웃풋). 아웃풋을 하는 것까지가 독서다. 그다음에는 어떤 책을 읽을지 고민하며 피드백한다. 이 사이클이 독해력을 기른다.

무기 6 호기심

호기심은 인풋과 아웃풋의 안테나이자 나침반이다. '재밌겠다!', '나도 해볼래!'와 같은 호기심이 없다면 인풋도 아웃풋도 시작되지 않는다. 새로운 일에 도전하지 않고 매일 같은 일상을 반복한다면 자기 발전과 성장은 일어나지 않는다.

6가지 무기 모두 아웃풋 사이클을 돌리는 데 중요한 역할을 하는 능력이라는 걸 알았나요? '정비하기, 연결하기, 행동하기'의 3단계를 바꿔 말하면 '인풋, 아웃풋, 피드백'입니다.

◆◆
인풋과 아웃풋의 황금비율을 향해!

두뇌 기억력에 관한 연구에 따르면, 기억에 남는 가장 효과적인 인풋과 아웃풋의 비율은 3대 7이라고 합니다. 기억하세요! 인풋과 아웃풋의 황금비율은 '3대 7'입니다! 하지만 대부분의 학생들은 교과서를 읽기만 하고(소리를 내지 않고), 문제를 풀지(쓰지도) 않습니다. 성적이 좋지 않은 건 여러분의 머리가 나빠서가 아니라 인풋과 아웃풋의 비율이 틀렸기 때문입니다.

대학생들을 대상으로 한 인풋(교과서를 읽는다)과 아웃풋(문제를 푼다)의 비율을 조사한 결과에서도 다수의 학생이 7대 3의 비율로 '인풋 중심의 공부'를 한다는 사실을 알게 되었습니다.

인풋의
두 배 이상으로
아웃풋 해라!

교과서를 읽고 내용을 이해했다면 그때부터는 계속 문제를 풀어 보기를 추천합니다. 예를 들어 15분간 교과서나 참고서를 읽었다면 30~40분은 문제 풀이에 투자해야 공부 효과가 나타납니다. 인풋에 사용한 2배 이상의 시간을 아웃풋에 쏟는다면 여러분의 기억력은 황금비율에 가까워집니다.

✦✦

아웃풋 능력이 없는 사람은 직업을 잃는다

여기까지 읽었는데도 아웃풋의 중요성이 크게 와닿지 않는 사람도 있겠지요. 아웃풋은 말하고 쓰고 행동하는 것이기에 실행하려면 에너지와 의지, 의욕, 용기가 필요합니다. '침대에 누워서 스마트폰으로 동영상 보는 게 훨씬 재밌어'라고 생각할 수 있지만 여러분 먼 훗날 성인이 되었을 때 알차고 즐거운 하루를 보내기 위해서는 지금 무엇을 해야 하는지를 생각해 보세요.

아웃풋 능력이 없는 사람, 즉 스스로 생각하거나 결정하지 못하고 적극적으로 행동하지 않는 사람은 앞으로 10년 뒤에 직업을 잃게 될 것입니다. 시키는 대로만 하는 업무는 당장 AI(인공지능)로도 대체할 수 있기 때문입니다. 인간에게 월 300만 원을 지급하며 부탁했던 업무를 AI에 월 100만 원에 시킬 수 있다면 굳이 인간을 고용할 필요가 없으니까요.

하지만 AI는 인풋 된 명령은 확실히 처리할지 몰라도 스스로 생각해 결정을 내리거나 먼저 나서서 행동하는 일은 없습니다. 그 부분에서는 단연 인간이 유리합니다. 호기심이 풍부하고 창의성 있는 아이디어를 낼 수 있는 사람은 AI에 쉽게 업무를 빼앗기지 않습니다.

결국 10년, 20년이 지나도 최종 결정은 인간이 내리게 되어 있습니다. 인간이 아닌 AI가 중요한 결정을 담당하는 미래가 온다면 어떻게 되냐고요? AI에 지배권을 빼앗긴 영화 〈터미네이터〉나 〈매트릭스〉 같은 디스토피아(암흑세계)의 모습이 되지 않을까요.

◆◆

아웃풋 업무를 할 수 있는 사람이 되자!

AI에 업무를 뺏기지 않으려면 여러분은 '아웃풋 업무'를 할 수 있는 사람이 되도록 노력해야 합니다. 상사가 지시대로 일하는 건 '인풋 업무'입니다. 예전에는 인풋 업무를 충실하게 소화하고 '알겠습니다'라고 대답하는 사원이 출세하고 성공했습니다. '저는 다르게 생각합니다'라는 식의 의견을 내면 상사들의 불평을 샀습니다.

하지만 지금의 업무 방식은 다릅니다. 서식, 매뉴얼이 정해진 일은 대부분 프로그램으로 처리합니다. AI에 맡기면 어떠한 불평도 없이 쉬지 않고 수행하죠. 이 부분에서 인간은 절대 AI를 이길 수 없습니다.

그러므로 여러분이 앞으로 해야 할 일은 스스로 생각하고 결정한 뒤 새로운 아이디어로 상황을 개선하는 '아웃풋 업무'입니다. 무에서 유를 만드는 창조성과 나만의 독창성을 담아내야 합니다. 만약 아웃풋 업무를 제대로 수행했다면 내가 하는 일의 가치를 깨닫고 보람도 느낄 수 있습니다.

지금 기업에서는 아웃풋 업무 능력이 뛰어난 사람을 원합니다. 그런 인재는 헤드헌터에게 제안을 받아 쉽게 이직을 하면서 수입을 올리는 동시에 실력까지 높일 수 있죠. 나중에는 창업도 가능해집니다. 아웃풋 업무를 하는 사람에게는 무한한 가능성이 펼쳐져 있는 반면 인풋 업무만 하는 사람은 창업은커녕 부업조차 할 수 없습니다. 매일 상사의 표정을 살피며 지시받은 일을 묵묵히 수행해야 하기 때문에 스트레스가 가득한 상태입니다. 일에서 보람을 느낄 리 없겠죠. 노동환경이 열악한 기업에서 평사원으로 다니다가 결국 직장까지 잃고 마는 암흑 같은 미래가 기다리고 있겠네요.

AI 시대에 필요한 '아웃풋 업무'

인풋 업무	아웃풋 업무
스스로 생각하지 않는 업무	스스로 생각하는 업무
수동적	능동적
강제적	자발적
지시 대기	자주성이 있고 주체적
노력, 근성	크리에이티비티(창조성)
남이 시키는 대로 한다	사람을 움직이게 한다
보수적, 관행을 중요시한다	혁신적, 도전하려 한다
묵묵히	다이나믹하게
정보를 받아들인다	정보를 발신한다
배운다, 배움을 받는다	사람을 가르친다
자기 성장이 느리다	점점 자기 성장을 이룬다
장래에 사라지는 직업	장래에 사람들이 찾는 직업

아웃풋 능력을 단련하는 3가지 방법

아웃풋을 어렵게 생각하지 마세요. 제가 10대 여러분도 쉽게 실천할 수 있는 아웃풋 능력 단련 방법 3가지를 소개하겠습니다.

방법1 책을 읽고 나서 감상을 쓴다

'독해력' 파트에서도 말했듯 책을 읽은 뒤 감상을 쓰면 독해력이 오르고 아웃풋 능력도 길러집니다. 1단계는 감상을 '말하는 것', 2단계는 '쓰기'입니다. 글로 쓰면 말로하는 것보다 뇌가 더 자극되니, 400자 정도의 짧은 글이라도 감상을 써보길 바랍니다. 제대로 집중해서 세 권 분량(3회)의 감상문을 썼다면 글쓰기 실력이 눈에 띄게 발전해 있을 거예요. 일곱 권 분량(7회)을 썼을 무렵에는 틀림없이 좋은 문장을 쓸 수 있습니다.

책 감상문이 어렵게 느껴진다면 애니메이션이나 만화책으로 시작해도 좋습니다. 감상문 쓰기는 책의 내용을 곱씹어 보고 내 생각을 정리한 뒤 재구성하는 작업입니다. 생각을 문장으로 쓰는 과정에서 뇌에서는 굉장히 복잡한 프로세스가 일어납니다. 두뇌를 발달시키는 가장 좋은 훈련이지요.

감상문 쓰기를 귀찮아하거나 어렵다고 생각했던 사람일수록 그 효과는 더욱 좋은데요. 여러분에게 '조금 어려운' 수준이 성장에 적당한 난도이기 때문입니다. 어렵다고 느끼는 일은 경험치를 획득하고 레벨을 올릴 수 있는 절호의 찬스입니다. 이후 400자 쓰는 것이 쉽다고 느껴지면 800~1천 200자 정도의 장문 쓰기에 도전해 보세요.

방법2 일기를 쓴다

감상문을 쓰는 것이 어렵게 느껴진다면 먼저 일기를 추천합니다. 책 한 권을 읽고 생각을 정리하는 건 어렵지만 일기는 오늘 하루를 되돌아보기만 하면 됩니다. 하루 동안 어떤 일이든 경험했을 테니 비교적 쉽게 시작할 수 있습니다. 일기도 먼저 400자 전후로 써 보고, 이것도 힘들다면 오늘 있었던 일에 번호를 붙여 써 보는 것도 좋습니다.

하루를 되돌아보는 건 '자신을 마주하는 일'입니다. 이는 자기 통찰로도 이어져 회복탄력성까지 기를 수 있습니다. 대부분의 사람들은 평소에 '문장'을 쓰지 않습니다. 친구에게 보내는 메시지는 입말의 연장선이기에 문장이라고 할 수는 없습니다. 평소에 하지 않았던 일, 자신과 마주하고 감상을 짧은 문장으로 써 보는 것만으로 우리는 많은 깨달음을 얻을 수 있지요.

개인적으로는 '세 줄 긍정 일기'를 추천합니다. 자기 전에 오늘 있었던 일 중에서 즐거운 일 3개를 노트에 적으면 끝입니다. 노트 한 줄당 1개씩, 3~5분이면 충분히 적을 수 있지요. 긍정적인 일만 쓰기 때문에 부정적인 사고와 멀어지면서 자연스럽게 회복탄력성도 높아집니다. 즐거웠던 일에 집중하니 불안도 줄어들고 기분이 좋은 상태로 잠이 들면 수면의 질도 향상됩니다.

이 작업이 익숙해지면 즐거운 일 1개당 두 줄 이상 자세히 써도 좋고, 즐거운 일이 많았던 날이라면 3개 이상 적어도 괜찮습니다. 즐거운 일을 떠올리며 아웃풋 능력까지 키울 수 있으니 얼마나 좋은 방법인가요.

방법3 SNS에 게시물을 올린다

이 방법은 감상문 쓰기와 일기 쓰기를 응용한 것입니다. SNS에 책이나 애니메이션 감상을 쓰는 방식인데요. SNS에 게시물을 올리는 건 '다른 사람에게 보이는', '다른 사람이 읽을 수 있는' 정도의 긴장감을 유발하기 때문에 뇌를 활성화시킵니다. 한 문장, 한 문장 신경을 쓰면서 작성하므로 결과적으로 아웃풋 능력이 비약적으로 향상됩니다.

일본 고등학생 남자의 X 이용률은 62.6%입니다(사이버 에이전트 차세대생활연구소 [2023년 Z세대 SNS 이용률 조사]). 약 3명 중 2명이 X 계정을 가지고 있다는 말입니다. X를 단순히 게시물을 읽기만 하는 인풋 도구가 아닌 문장을 써서 투고하는 아웃풋 도구로 활용해 보세요. 요즘은 '공부 기록용 계정'을 만드는 친구들도 있습니다. 당일 공부한 시간과 내용을 기록해 스스로 동기부여도 하고 다른 공부 계정과 서로 격려하고 응원하며 아웃풋 능력을 기르는 것이죠.

애니메이션(원작은 만화책)《최애의 아이》의 캐릭터 중에는 고등학생 유튜버 'MEM쬬'가 있습니다. 유튜브 구독자 수는 37만 명, 틱톡 팔로워는 63.8만 명이라는 설정인데요. 실제로 고등학생이 수십만 의 팔로워를 갖고 있는 모습은 우리 주변에서도 찾아볼 수 있습니다. 유튜브, 인스타그램, X에서 팔로워 10만 명을 넘긴 고등학생 인플루언서들이 많습니다.

꼭 인플루언서가 되라는 말이 아닙니다. 일단 SNS에 게시물을 올리는 건 재미가 있는 일입니다. 팔로워가 적더라도 내가 게시한 글에 누군가가 '좋아요'를 누르거나 '댓글'이 달리면 엄청난 동기부여가 되지요. 재밌으니 꾸준히 할 수 있고 하다 보면 문장을 쓰는 실력, 즉 아웃풋 능력이 길러집니다. 팔로워가 늘면 알고리즘의 선택을 받을 가능성도 커지고 나중에는 수익이 생길 수도 있어요. 아웃풋 사이클을 돌리면 자연스럽게 인플루언서에 가까워집니다.

지금은 SNS 전성시대입니다. 대학생이 되었을 때 수천 명의 팔로워를 갖고 있다면 취업에도 훨씬 유리해집니다. 기업에서는

SNS를 단순히 보기만 하는 '시간 낭비 인간', '인풋형 인간'보다 SNS의 구조를 알고 실제로 능숙하게 사용할 줄 아는 '아웃풋형 인간'을 선호합니다.

SNS를 적극 활용하는 건 좋지만 개인정보를 너무 드러내지 않도록 주의해야 합니다. 또한 욕설이나 비평, 무분별한 악플은 절대 금지입니다. 인터넷에 떠도는 거짓 정보를 분별할 줄 알고 타인에게 상처를 주지 않으면서 스스로 즐거운 기분으로 게시물을 올리는 것이 중요합니다.

••• 정리 •••

① 인풋→아웃풋→피드백의 아웃풋 사이클을 돌리면 자기 성장에 속도가 붙는다.

② 아웃풋 능력을 기르는 가장 좋은 방법은 아웃풋 사이클을 돌리는 것이다.

③ 아웃풋 사이클을 돌리면 7가지 무기가 강화된다.

④ 인풋과 아웃풋의 황금비율은 3대 7이다.

⑤ 스스로 생각하고 결정해서 행동한다. 아웃풋 업무를 할 수 있는 사람은 인공지능 시대에도 인정받는다.

⑥ 책을 읽은 뒤에 감상을 쓰자! 두뇌가 발달한다.

⑦ 일기를 쓰자! 자기 통찰력이 높아진다.

⑧ 게시물을 올리자! SNS는 재밌는 아웃풋 도구이다.

7가지 무기
사용 설명서

하고 싶은 일을 직업으로 삼을 수 있을까?

지금까지 여러분이 스무 살이 되기 전에 손에 쥐길 바라는 '7가지 무기'를 모두 소개했습니다. 이 무기들을 사용해 '고민(몬스터)'을 물리치고 더 훌륭한 인생을 살아갈 수 있는 방법을 소개하려고 합니다.

"유튜버가 되고 싶어!"
"뮤지션이 되고 싶어!"
"축구선수가 되고 싶어!"
"소설가가 되고 싶어!"

여러분에게는 '큰 꿈'이 있나요? 커다란 꿈이나 목표를 갖고 있는 것은 아주 대단한 일이지요. 10대들만 가질 수 있는 특권이기도 합니다. 하지만 꿈은 갖기만 한다고 전부 이루어지는 건 아닙니다. 제 유튜브에는 '취미나 좋아하는 일을 직업으로 삼을 수 있나요?'라는 질문이 자주 올라옵니다. 여기에서는 '하고 싶은 일을 직업으로 삼을 수 있는가'를 주제로 이야기를 해보겠습니다.

유튜버로 성공할 수 있을까요?

요즘 장래 희망으로 '유튜버'를 꼽는 청소년들이 정말 많습니다. 재밌어 보이기도 하고 구독자가 많으면 1년에 10억을 버는 것도 가능한 직업이니까요. 하지만 그만큼 경쟁자도 많습니다. 저도 현재 구독자 수 약 60만 명을 보유한 유튜버이기도 하니, 유튜버를 예로 들어 '꿈의 실현 가능성'에 대해 이야기해 보려고 합니다.

실제로 유튜버는 중고등학생의 장래 희망 중 상위권을 차지하는 인기 직종입니다. 1천 명을 대상으로 한 '중고등학생이 꿈꾸는 장래에 대한 의식조사 2023'(소니생명보험조사)에 의하면 중학교 남학생들 사이에서는 '유튜버 등 영상 크리에이터'가 되고 싶은 직업 1위였으며 여학생들 사이에서는 3위를 차지했습니다. 고등학생이 되면 순위가 약간 떨어져 남학생은 8위, 여학생은 7위입니다. 우리는 이 조사 결과를 통해 10대들 사이에서 유튜버가 얼마나 인기 있는 직종인지 체감할 수 있습니다.

당신의 꿈이 실현 가능한지
1초 만에 확인하는 방법

"제가 유튜버로 성공해서 먹고살 수 있을까요?"

지금 이 책을 읽고 있는 여러분을 제가 실제로 한 번도 만난 적은 없지만, 유튜버로 성공할 수 있는지 아닌지는 1초 만에 알 수 있습니다. 질문 하나를 하겠습니다.

"당신은 지금까지 유튜브 채널에 몇 편의 영상을 올렸나요?"

이미 열 편 이상 올렸다면 당신은 유튜버로서 성공할 확률이 높습니다. 서른 편의 동영상을 업로드했다면 성공할 확률은 훨씬 더 높아집니다. 하지만 '지금부터 유튜브를 시작하려고요', '인기가 급상승한 유튜브 채널을 열심히 연구하고 있어요'라고 대답했다면 성공할 확률은 제로에 가깝습니다. 유튜버가 되고 싶다는 말이 진심인지 묻고 싶네요. 누구에게도 지지 않을 정도의 큰 열정을 갖고 있는 게 확실한가요?

지금은 스마트폰만 있으면 유튜브용 영상을 찍고, 편집하고,

업로드할 수 있는 세상입니다. 영상의 퀄리티를 크게 따지지 않는다면 3분짜리 영상을 찍고 새로운 채널을 만들어 첫 영상을 올리기까지 1시간도 채 걸리지 않습니다. 편집까지 철저하게 준비했다고 해도 하루면 충분합니다. 단 하루면 할 수 있는 일을 지금도 하고 있지 않습니다.

다시 한번 묻겠습니다. 진심으로 유튜버가 되고 싶은 게 맞나요? 유튜버가 꿈이라고 말만 하면서 아무것도 하지 않고 있는 건 아닌가요? 이런 상황이라면 당신이 유튜버로서의 꿈을 실현할 확률은 '0%'입니다.

정말 유튜버가 되고 싶고, 반드시 유튜버가 되어야겠다면 어떤 영상이라도 찍어 편집하고 채널을 개설해 업로드하면 됩니다. 처음에는 조회수 10회에 그칠 수 있겠죠. 하지만 중요한 건 '첫 영상을 올렸다'라는 사실입니다. 두 번째 영상의 조회수는 20회일지도 모르는 일이니까요. 50회, 100회로 점차 늘다가 언젠가 알고리즘의 선택을 받을 수도 있습니다.

일본의 초대 유튜버로 유명한 히카킨HIKAKIN과 개성 넘치는 콘텐츠로 사랑받는 유튜버 하지메샤쵸はじめしゃちょー도 처음부터 유명했던 것은 아닙니다. 그들도 영상을 배우고(인풋), 영상을 제작해 업로드하고(아웃풋) 조회수가 낮은 영상들의 원인을 피드백 하면서 꾸준히 운영했습니다. 알고리즘의 선택을 받을 때까지 영상

을 계속 올리는 것, 이것이 유튜브 세계에서 승리하는 방법입니다.

✦✦ 정말로 하고 싶으면, 하면 된다!

'제가 유튜버로 성공해서 먹고살 수 있을까요?'와 같은 질문만 던지면서 아직 단 한 편의 영상도 올리지 않은 사람은 성공할 확률이 '0%'라고 말씀드렸습니다. 진심으로 하고 싶은 일이라면, 하면 됩니다. 청소년들이 사용하기 힘든 자본으로 시작해야 하거나 오랜 시간이 필요한 콘텐츠라면 이야기가 조금 다르겠지만, 영상을 한 편 만들어 업로드하는 일은 하루면 충분하답니다. 해보지 않는 것이 오히려 이상하지요. 그러니 일단 시작하세요.

이 글을 읽고도 영상을 올리지 않았다면 그건 그냥 '유튜버나 한번 해볼까?'라고 생각만 했을 뿐, 간절한 바람이 아니라는 증거입니다. 그런 마음으로는 여러분의 꿈도, 목표도 될 수 없습니다. '문득 생각난 일'이거나 '망상'에 가깝습니다. 하고 싶다면, 곧장 하면 그만입니다. 그런데 왜 많은 사람들은 하지 않을까요?

부모님이나 주변 친구들이 여러분에게 '유튜버의 길은 힘들다'라고 말할 수는 있습니다. 하지만 누가 무슨 말을 하든, 스스로 간절한 일이라면 아무런 상관이 없습니다. 부모님이 반대하면 그 꿈을 포기할 건가요? 친구가 '네가 올린 영상은 재미가 없다'라며 무시하면 목표를 접을 건가요? 여러분의 인생은 여러분의 것입니다. 스스로 '생각'하고 '결정'해서 '행동'해야 합니다.

다시 한번 말하지만 하고 싶은 일이 있으면, 하면 됩니다! 작게 시작하면 위험도 적습니다. 유튜브 채널 운영은 이름과 얼굴을 드러내지 않아도 할 수 있는 일이니까요.

◆◆

구독자 수 100만 명을 달성하는 방법

많은 유튜버들의 목표는 구독자 수 100만 명을 달성했을 때 주어지는 '골드 버튼'입니다. 저는 골드 버튼을 받을 수 있는 방법을 알고 있습니다. 바로 '하루에 영상 한 편을 업로드한다'라는 규칙을 구독자 수 100만 명이 될 때까지 실천하는 것입니다.

혹시 방금 '매일은 무리인데?', '뭐야, 확실한 방법도 아니네'라고 생각했나요? 만약 그랬다면 당신은 유튜버로서 소질이 없으니 포기하는 편이 낫습니다. 반면에 '이렇게 간단한 방법으로 구독자 100만 명을 달성할 수 있다고?'라고 생각했다면 유튜버로서 성공할 가능성은 충분하다고 봅니다.

지금으로부터 약 10년 전, 유튜브가 조금씩 유행하기 시작할

스스로 생각하고,
스스로 결정해서,
스스로 행동한다

때 저는 앞으로 '동영상의 시대가 올 것'이라 확신하고 유튜브를 시작했습니다. 목표는 '구독자 수 100만 명', 전략은 '100만 명이 될 때까지 매일 한 편씩 업로드한다!'였습니다. 그리고 실제로 그해 4월부터 지금까지 10년이 넘는 기간 동안 하루도 거르지 않고 영상을 올리고 있습니다. 한 편당 5분 전후의 짧은 영상이지만 지금까지 올린 영상의 개수는 8천 편이 넘는답니다. 이제 막 구독자 수 60만 명을 넘은 시점이라 아직 갈 길이 멀어 보입니다. 하지만 저는 100만 명을 달성하는 그날까지 매일 영상을 업로드할 생각입니다.

'꼭 하고 싶어!', '진짜로 하고 싶어!', '반드시 달성한다!' 이렇게 생각하면 사실 어려운 일도 아닙니다. 영상을 만들고 올리는 시간을 정해 하루의 루틴으로 만들면 됩니다. 따지고 보면 유튜버로서 생계를 이어가는 데 구독자 100만 명까지는 없어도 됩니다. 10만 명으로도 수입은 생기니까요. 하지만 대부분의 사람들은 도전하기도 전에 쉽게 포기하는 경향이 있습니다. 스스로 원하는 결과가 나올 때까지 묵묵하게 실천한다면 충분히 가능한 일인데도 말이지요.

7가지 무기 사용 설명서

언제든 그만둬도 된다

자신의 '꿈'이나 '목표'에 대해 이야기하는 사람은 많습니다. 하지만 이를 달성하기 위해 해야 할 일을 하는 사람은 적습니다. 뮤지션이 되고 싶다면 작곡을 하거나 악기 연주 실력을 키워야 겠죠. 소설가가 되고 싶다면 매일 원고를 써야 합니다. 한 분야의 전문가까지 될 수 없을지는 몰라도 '첫걸음'을 내딛는 일은 누구나 할 수 있습니다. 하지만 90%는 이 첫걸음을 내디딜 생각조차 하지 않습니다.

앞에서 장래 희망으로 유튜버를 꼽은 학생들 중에서 한 편이라도 영상을 올려 본 사람이 열 명 중 한 명은 될까요? 보통은 '안 될 것 같으니까 안 한다'라고 말합니다. 도전조차 하지 않았으니 성공 확률은 당연히 0%겠지요.

그만두는 것은 언제든지 할 수 있는 일입니다. '내 적성에 맞을까?', '성공할 수 있을까?' 불안해하고 걱정할 시간에 100편의 영상을 올리세요. 100번째 영상의 조회수도 100회를 넘지 않았다면 유튜버로서의 소질은 없다고 볼 수 있습니다. 그럼 그때 그만두면 됩니다.

하지만 100편을 업로드하는 과정에서 조회수 1만 회를 넘긴 영상이 하나라도 있다면 유튜버로서의 소질이 있다고 볼 수 있습니다. 조회수가 높았던 영상을 꼼꼼하게 분석하고 다음에 올릴 영상에 적용해 조회수를 터뜨릴 확률을 높여가면 됩니다. 성공했던 경험이 있으면 레벨을 올릴 수 있는 가능성은 계속 올라갑니다. 구독자 수가 늘어남에 따라 수입까지 늘어나겠죠. 아웃풋 사이클을 돌리면 돌릴수록 꿈과 목표를 실현하고 성공할 수 있는 확률은 높아집니다.

✦✦ 즐기면서 해낼 수 있을까?

'좋아하는 일을 직업으로 삼는 것'은 쉬워 보이지만 그리 간단한 일이 아닙니다. 방대한 시간과 정신적인 에너지가 요구되는 오히려 괴로운 일입니다. 하지만 여러분이 '진심으로 하고 싶은 일'이라면 즐겁게 해낼 수 있습니다.

'유튜버로 성공할 수 있습니까?'라는 질문에 저는 '시간과 정신적 에너지, 지속할 수 있는 동기 등 엄청난 노력이 필요하지만 효과는 하는 만큼 나타납니다. 결국 노력과 시행착오의 양과 비례한다'라고 대답하고 싶습니다.

어떤 일을 하는 데 고통이나 힘듦, 괴로움이 강하게 든다면 성공하긴 어렵습니다. 하지만 즐기면서 하는 일은 꾸준히 해낼 수 있고, 어쩌면 성공할 수도 있습니다. '즐기면서 해낼 수 있는가?' 이 질문에 대한 자신의 대답으로 성공과 실패가 결정된다고 생각하면 됩니다.

✦✦ 초등학생이 만든 책

앞에서 언급한 제가 가장 좋아하는 소설가인 구리모토 가오루는 《구인사가》의 본편 시리즈 130권, 외전 22권 등 많은 작품을 남겼지만 안타깝게도 56세라는 젊은 나이에 췌장암으로 생을 마감했습니다. 그가 떠난 이듬해인 2010년에 개최된 〈희대의 스토리텔러 구리모토 가오루/나카지마 아즈사中島梓 전展〉(야요이미술관)에 갔을 때의 이야기를 들려드리려고 합니다.

이 전시는 구리모토 가오루 작품의 초판본, 원고, 표지 원본, 사진 등 작품 자료를 통해 작가의 궤적을 따라가 볼 수 있는 규모가 꽤 큰 전시였습니다. 그중에서 가장 인상 깊었던 것은 손바닥만 한 크기의 소책자였습니다. 작은 글씨로 빽빽하게 쓰여 있는 소설로, 종이들을 스테이플러로 묶어 문고본처럼 만든 책자였지요. 이건 구리모토 가오루가 초등학생 때 만든 책이었습니다. 작가는 초등학생 일때부터 소설을 썼고 직접 문고본을 만들어 친구들이 돌려본 것입니다.

문장은 많이 쓰면 쓸수록 실력이 늡니다. 소설가가 되고 싶다면 소설을 쓰면 됩니다. 정말로 소설가가 꿈이라면 구리모토 씨처럼 벌써 쓰기 시작했겠죠. 소설을 쓰고 친구들의 피드백을 받는 과정에서 실력은 눈에 띄게 향상했을 것입니다. 아웃풋의 사이클을 돌릴수록 여러분이 갖고 있는 꿈은 현실에 가까워지며 성공할 가능성도 높아진다는 걸 반드시 기억했으면 좋겠습니다.

'소설가가 될 수 있을까요? 아무래도 저는 어려울까요?'라는 질문할 시간에 소설을 쓰는 사람은 훌륭한 소설가가 됩니다. 결국 '지금 하고 있는가'로 꿈의 실현 가능성을 가늠할 수 있습니다.

◆◆

46년 만에 영화평론가가 된 남자

이번에는 저의 어린 시절 이야기를 해보려고 합니다. 초등학교 6학년이었을 때, 저의 꿈은 '영화평론가'였습니다. 어릴 적에 보았던 〈월요 로드쇼〉(1969년부터 1987년까지 방영했던 영화 관련 방송 - 옮긴이 주)의 영화평론가 오기 마사히로荻昌弘 씨를 동경했기 때문입니다. 생일 선물로 받은 카세트테이프 녹음기로 제일 처음 녹음

7가지 무기 사용 설명서

한 것도 그의 영화 해설이었습니다. 녹음한 테이프를 반복해서 들으며 음성을 그대로 받아 적었습니다. 그의 영화 해설에서 숨겨진 비밀이라도 찾아내듯 매주 음성을 녹음하고 모든 문장을 따라 썼습니다.

그렇게 고등학생이 되자 스스로 영화를 해설하고 평론할 수 있게 되더군요. SF잡지 〈스타로그STAR LOG〉에 매달 투고해 몇 번인가 글이 실려 뛸 듯이 기뻐했던 기억이 생생합니다. 대학교에 들어가고 나서는 매년 200편의 영화를 보고 평론했는데요. 대학교 시절 6년 동안 1천 편의 영화를 보고 1천 편의 비평문을 작성했습니다. '천 번을 두드린다'라는 유기 장인처럼 진짜로 저는 천 번을 두드린 격입니다.

당시에 가장 권위가 높았던 영화잡지 〈키네마준보キネマ旬報〉에는 '독자의 영화평'이라는 코너가 있었습니다. 매달 100편이 넘는 응모 글을 받고 그중에 단 3편만 선정되기 때문에 경쟁률이 30대 1이 넘는 치열한 코너였죠. '그곳에 내 글이 자주 실리면 영화평론가로서의 길이 열리지 않을까'라고 생각한 저는 최선을 다해 작성한 영화비평을 매달 2편씩 투고했습니다. 총 36회 투고했는데 총 다섯 차례 실렸습니다. 지금 생각하면 이때 문장력이 상승하면서 자연스럽게 지금의 작가 활동까지 이어진 것 같네요.

저의 승률은 10%를 조금 넘는 정도였지만 진심으로 영화평론가가 되고 싶었기 때문에 포기하지 않았습니다. 다시 생각해도 매달 영화평론을 투고한 건 엄청난 에너지였던 것 같습니다. 그만큼 간절했으니까요. 이 정도 노력은 당연하다고 생각했습니다. 이후에도 아무도 읽지 않을 영화평을 계속 작성했습니다. 인터넷 시대가 되자 제가 쓴 평론을 웹사이트에 올릴 수 있었고 많은 사람들이 읽기 시작했습니다.

그때부터 지금까지 영화 관련 뉴스레터를 계속 발행 중인데요. 구독자 수는 5만 명을 넘었네요. 그 사이 영화에 관한 책 3권도 출간했습니다. 영화 팸플릿에 제 평론이 실린 적도 있지요. 제 소개 글에는 '정신건강의학과 의사, 작가, 영화평론가'라고 쓰여 있습니다. 사실 그동안 영화평론가만큼은 '자칭'이었습니다. 영화잡지에 평론이 실린 적이 있으니 영화평론가라고 할 수 있다고 생각했으니까요.

그런 제게 마침내 기회가 왔습니다. 2024년 1월부터 영화잡지 〈플릭스FLIX〉에 영화 해설을 연재하게 된 것이죠. 처음 영화평론가의 꿈을 가진 초등학교 6학년 시절부터 지금까지, 46년에 걸쳐 드디어 꿈을 이룬 것입니다.

이 이야기에서 기억해야 할 건 저는 대학생 때부터 40년 동안 꾸준히 영화를 보고 감상평을 써왔다는 점입니다. 최근 몇 년은

1년에 100편 정도의 영화를 보고 있으니 총 4천 편 이상의 평론 글을 쓴 것이죠. 저는 결과적으로 4천 번의 아웃풋 사이클을 돌린 셈입니다. 이 정도 분량의 영화평을 쓴 사람은 많지 않을 거라 생각합니다. 그만큼 저는 영화를 보는 관찰력과 영화평을 쓰는 문장력이 상승했겠죠.

사실 영화평론가는 미래에 사라질 직업군에 속해 있습니다. 영화 잡지 자체가 손에 꼽을 정도만 남았기 때문입니다. 하지만 이 이야기를 통해 아웃풋 사이클을 꾸준히 돌리면 반드시 꿈을 이룰 수 있다는 것을 알려드리고 싶었습니다. 영화평론가가 되고 싶다는, 언뜻 봐서 불가능해 보이는 저의 꿈도 46년이 걸려서 실현할 수 있었으니까요.

실현될 때까지 포기하지 않고 계속한다면 꿈은 언젠가 이루어집니다. 이것이 저의 전략이고 직접 경험한 사실이기도 합니다. 단, 누구에게도 지지 않을 양과 질, 정밀함을 챙겨 끊임없이 아웃풋 사이클을 돌린다는 것이 기본 전제입니다.

'좋아하는 것'과 '취미'가 직업이 된다?!

"열심히 노력하면 보상받을 수 있나요?"

저는 개인적으로 '노력'이라는 말을 싫어합니다. '힘들다'라는 이미지가 강하기 때문입니다. 어떤 일이든 즐겁게 하면 지속할 수 있고 결과도 따라옵니다. 반면에 괴롭고 고통스러운 일은 지속할 수도 없을뿐더러 그대로 스트레스로 이어집니다. 무리한 상태로 노력하면 결국 멘탈까지 무너지지요. 실제로 멘탈이 무너져 의욕을 잃어버리는 상태인 '번아웃 증후군'을 겪는 스포츠 선수들도 많습니다.

많은 사람들이 천재를 '노력을 노력으로 생각하지 않는 사람', '즐기면서 계속하는 사람' 등으로 표현합니다. 이건 사실입니다. 괴로워하면서 노력하는 사람의 뇌는 활동이 멈춥니다. 괴로움에 뇌의 에너지가 전부 소진되기 때문입니다. 그러니 여러분은 억지로 '노력'하지 말고 즐기면서 '아웃풋 사이클'을 돌리시길 바랍니다.

제게 영화평론은 너무나도 즐거운 일이었습니다. 영화를 자신만의 해석을 통해 새로운 시각으로 되짚어 보는 게 영화평론이지요. 어떤 영화를 보고 재미없다고 생각했던 사람이 제 글을 보고 '이렇게 볼 수도 있구나!' 하고 평가를 180도로 달리하기도 하니 보람이 느껴집니다. SNS에 올렸을 때 '좋아요', '댓글'이 달리면 동기부여도 된답니다.

모든 일에 반드시 노력할 필요는 없습니다. 즐기면서 아웃풋 사이클을 돌리면 됩니다. 느려도 괜찮습니다. 어제의 나보다 한 걸음 더 성장했다는 사실이 더 중요합니다.

SNS나 인터넷에 꾸준히 게시물을 올리면 팔로워 수가 늘어납니다. 팔로워가 수만 명이 되면 용돈 정도의 수입이 발생하겠죠. 10만 명을 넘어가면 사회 초년생의 수입 정도는 됩니다. 하다 보면 '프로'가 된다는 이야깁니다. '좋아하는 일', '즐거운 일', '취미로 하는 일' 모두 여러분의 직업이 될 수 있습니다.

지금은 SNS의 전성시대라고 했습니다. 여러분을 좋아하고 응원하는 팔로워만 있어도 직업으로 삼을 수 있다는 말이지요. 좋아하는 일, 즐거운 일, 취미로 하는 일을 당장 SNS에 올리세요. 그리고 팔로워를 늘려가세요. 이게 가능한 시대가 바로 지금이고 아직 10대인 여러분에게는 가능성이 충분하니까요.

하고 싶은 일이라면 지금 시작해라

진짜로 하고 싶은 일이라면 지금 시작하면 됩니다. 아니, 시작해야 합니다. 곧바로 장비를 챙기고 일행을 모아 모험을 떠나세요. 중학생이든 고등학생이든, 여러분이 지금 할 수 있는 일은 분명히 있습니다.

제가 좋아하는 에피소드 하나를 소개하려고 합니다. 홋카이도 하코다테시 출신의 '글레이GLAY'라는 록밴드가 있습니다. 글레이의 음악 중 대부분을 작사·작곡한 사람은 기타리스트이자 리더인 타쿠로TAKURO 씨입니다. 타쿠로 씨가 고등학교를 졸업한 뒤 데뷔를 꿈꾸며 한 레코드 회사의 담당자를 만났을 때의 이야깁니다.

"자네, 작곡을 할 줄 안다던데 지금 갖고 있는 노래가 몇 곡이나 되나?"라는 질문에 타쿠로 씨는 "100곡 정도 갖고 있습니다"라고 대답했다고 합니다. 15세 때부터 가사를 쓰기 시작했고 17세부터는 작곡도 했기 때문에 고등학교를 졸업한 시점에 이미 밴드에서 노래하던 음악만 40곡 이상이었습니다. 여기에 미완성된 곡과 초고를 합치면 100곡 이상의 음악을 갖고 있었던 것이죠.

진심으로 음악을 좋아하는 사람이라면 누구나 작사·작곡을 할 수 있습니다. 처음부터 대단한 곡은 아니더라도 만들다 보면 실력은 늘어나니까요. 주변에서 '뮤지션의 길은 힘들 거야'라고 했나요? 하지만 내가 정말 좋아하는 일이라면 흔들리지 않고 가사와 곡을 쓰면 됩니다. 부모님이 반대하면 숨어서라도 해내겠다는 강한 집념과 욕구도 필요합니다.

◆◆

하기 싫은 일을 해야 하고 싶은 일을 할 수 있다

 "내가 좋아하는 일을 직업으로 삼고 싶어."
 "즐거운 일이 직업이면 좋을 텐데. 괴로운 일은 하기 싫어."

자신이 좋아하는 일을 직업으로 삼거나, 하고 싶은 일만 하고 하기 싫은 일은 하지 않을 수 있다면 행복하겠죠.

앞에 소개한 에피소드는 타쿠로 씨가 10년 전에 진행한 인터뷰에서 말했던 내용을 떠올린 것입니다. 하지만 정확한 내용이 기억나지 않아 한 번 더 인터뷰를 듣고 싶다는 생각을 하고 있던 찰나에 편집자의 소개로 제가 직접 인터뷰할 수 있는 기회가 생겼습니다. 타쿠로 씨와 '하고 싶은 일과 하기 싫은 일'에 대해 나눈 이야기를 여기에 소개합니다.

가바사와   뮤지션을 꿈꾸는 청소년들이 많습니다. 나중에 뮤지션이 되는 사람과 그렇지 않은 사람의 차이는 무엇이라고 생각하시나요?

타쿠로   '하기 싫은 일을 절대 하지 않는 사람'은 오래 갈 수 없습니다. 하기 싫은 일이라도 일단 즐기는 사람, 적극적으로 받아들이는 사람, 하기 싫은 채로 두지 않는 사람이 성공할 수 있습니다. 물론 저도 하기 싫은 상황을 마주합니다. 하지만 저와 저희 멤버들은 그 속에서 재밌는 점을 하나라도 찾아내려고 합니다. 일이 힘들더라도 멤버들과 함께라면 즐겁게 해낼 수 있다는 마음을 가지고 있습니다.

어떤 일에는 반드시 좋은 면과 나쁜 면이 있는 법입니다. 뮤지션이라면 당장 내가 하기 싫은 일이라고 해도 그 너머로 좋아해 주는 팬들이 있다는 사실을 깨닫느냐, 아니냐가 가장 중요하지 않을까요? 저는 연주를 하면서 눈앞에 있는 팬들을 그저 하나의 무리로 생각하지 않고, 한 사람 한 사람의 드라마와 스토리가 우리 음악과 이어진다는 것을 빨리 깨달아서 다행이라고 생각해요.

하기 싫은 일도 멤버와 함께 헤쳐나갈 수 있다는 것, 하기 싫은 일을 '팬이 좋아하는 일', '팬에게 감사한 마음을 표현하는 일'로 바꾸면 긍정적으로 받아들일 수 있다는 것. 결국 '하기 싫은 일'을 소화하고 나서야 진짜로 '하고 싶은 일'을 할 수 있다는 내용이었습니다.

✦✦

모험할 때는 동료가 필요하다

가바사와 지금의 10대들에게 전하고 싶은 말이 있나요? 있다면 어떤 말을 가장 해주고 싶나요?

타쿠로 요즘 흔히 '살기 힘들다'고 말하는데요. 이 감정의 근본적인 원인은 어떤 측면에서 보더라도 '인간관계'에서 비롯된 문제라고 생각합니다.

저는 홋카이도의 험난한 자연 속에서 태어나고 자랐습니다. 한번은 학교 친구와 심하게 싸웠는데, 방과후에 휘몰아치는 눈보라 속을 아까 싸운 친구랑 함께 돌아가야 하는 상황을 마주했습니다. 당장에는 싸운 상대일지라도 함께 걸어가면 든든한 동료가 됩니다. 그건 상대도 마찬가지고요. 눈보라 길을 다 걸었을 무렵에는 '아까 싸운 건 별일 아니었네. 일단 이곳에서 잘 살아가자'와 같은 생각을 하게 되었습니다. 어린 마음에도 그런 생각이 들더라고요

요즘의 10대 친구들도 이런 느낌을 알 수 있을까요? 만약 '살기 힘들다'는 생각이 들면 좀 더 넓은 세상으로 나가보거나 지독한 고독에 몸을 맡겨봤으면 합니다. 그러면 어느 순간 해결되어 있기도 합니다.

그리고 또 하나, 제게는 테루TERU, 히사시HISASHI, 지로JIRO가 있듯 여러분의 주변에 멋진 친구들이 있으면 좋겠다는 바람입니다. 만약 저 혼자였다면 '작사·작곡을 잘하는 사람'에서 끝났을 것 같아요. 제게 부족한 부분을 멤버들이 채워

7가지 무기 사용 설명서

주었기 때문에 밴드를 시작할 수 있었고 가수로서의 저도 존재할 수 있었습니다. 이들이 없었다면 '음악을 좋아하는 비인기 뮤지션'으로 끝났을지도 모르겠네요.

인간관계의 어려움은 대자연에 몸을 맡겼을 때 해결되기도 하지만, 같은 뜻을 가진 누군가와 힘을 합쳐 헤쳐 나가는 방법도 있다고 말해주고 싶어요. 실제로 제가 그랬으니까요.

모험 길에 함께 나아가는 동료가 있다는 사실만으로도 큰 도움이 됩니다. 불안한 마음이 편안해지고 살기 힘든 것도 해소됩니다. 타쿠로 씨와 진솔한 이야기를 나눌 수 있어 뜻깊은 시간이었습니다.

✦✦

무언가에 푹 빠져라!

저는 여러분이 청소년 시기에 무언가에 푹 빠져보면 좋겠습니다. 취미, 스포츠, 음악, 미술, 동아리 활동 등 그게 무엇이든 상관없습니다. 마음속 깊은 곳에서 즐겁다고 생각하거나 시간을 잊을 만큼 몰입하는 경험을 해보아야 합니다.

저는 중고등학생 때 틈만 나면 책을 읽고 영화를 봤습니다. 고등학생 때 영화비평을 쓰기 시작했고요. 무언가에 푹 빠지면 호기심(무기6)은 폭발합니다. 푹 빠진 상태로 연습하면서 가끔은 지적도 받고 다시 연습합니다. '아웃풋 사이클'을 돌리는 일(무기7)입니다.

동아리나 서클 활동을 하면 서로 돕고 격려하며 둘도 없는 동료가 생깁니다. '연결 고리'(무기4)가 강해지고 대화를 연습할 수 있는 기회가 많아지겠지요. 물론 중간에 힘든 일도 생기고 때로는 높은 벽에 부딪히기도 합니다. 동아리 내에서 벌어지는 복잡한 일, 선후배와의 관계가 어느 순간 귀찮아질 수도 있습니다. 하지만 그건 그것대로 회복탄력성(무기2)을 훈련하는 일이라고 생각해보면 어떨까요.

무엇이든 실력을 올리려면 책을 읽고 공부하세요. 뮤지션이 되겠다고 마음먹었다면 '기타 입문서'나 '기타 잘 치는 법'을 다룬 책을 읽고 연습해야 합니다. 독서량이 늘어나며 독해력(무기5)도 길러집니다. 결국 좋아하는 무언가에 푹 빠지면 자연스럽게 '7가지 무기'를 갈고 닦을 수 있게 되는 것이죠.

하고 싶은 일이 있다면 지금 바로 하면 됩니다! 아직 시작하지 않았다면 그건 진짜로 하고 싶은 일이 아닙니다. 푹 빠져서 계속

해야 합니다. 계속할 수 없다면 그것 또한 진짜로 하고 싶은 일이 아닙니다.

무언가에 푹 빠진다는 건 집중력을 기르는 훈련이기도 합니다. 스마트폰과 게임을 내려놓고 취미나 관심 분야에 몰입했다면 '높은 집중력이 유지된 상태'가 지속됩니다. 높은 집중력(무기3)은 학교에서 공부하거나 회사에서 일을 할 때도 빛을 발하는 능력입니다. 앞에서도 말했지만 집중력을 떨어뜨리는 데 가장 방해가 되는 건 스마트폰입니다. 띠링띠링 알림이 울릴 때마다 모처럼 쌓아 올린 집중력은 곧바로 사라지지요. 이 상황이 반복되면 항상 주의가 산만한 상태가 되어 두뇌는 금방 피로감을 느낍니다. 단 30분도 공부에 집중할 수 없는 상태가 되겠죠. 9초를 집중한다는 금붕어와 같은 상태로는 공부도, 일도 제대로 할 수가 없습니다.

그러니 지금 이 시기에 취미와 놀이, 스포츠에 푹 빠져보세요. 집중력도 올라가고 뇌는 활성화됩니다. 부디 여러분이 스마트폰과 게임이 아닌 몰입하고 집중할 수 있는 일을 발견할 수 있길 바랍니다.

10대에게는
무한한 가능성이 있다!

◆◆

왜 '10대'인가?

인간의 성장은 10대 후반부터 20대 전반에 걸쳐 거의 완성된다고 했는데요. 물론 그 이후에도 몸과 마음이 성장하기는 하지만 속도는 점점 느려집니다. 제가 지금까지 '10대'인 여러분에게 '7가지 무기'의 필요성을 강조한 이유도 여기 있습니다. 앞에서도 말씀드렸듯이 10대는 인생의 모든 경험치를 '10배'로 받을 수 있는 '행운의 신발' 아이템을 신고 있는 최강의 시기입니다. 이 아이템의 유효기간은 정확히 '19세'까지입니다.

이 책은 행운의 신발 아이템 버프가 사라지기 전에, '7가지 무기'를 몸에 걸치고 준비된 상태로 사회에 나서기를 바라는 마음에 기획하게 되었습니다. 처음에는 청소년들이 많이 궁금해하는 질문과 개인적으로 가질 법한 고민을 정리해서 '정답'을 알려줄 생각이었습니다. 하지만 제가 정답을 말해버리면 이 책의 의미가 모두 사라져 버리겠죠.

'고민'에 정답을 내놓을 사람은 '자신'입니다. 우리는 스스로 정답을 내놓는 본질적인 힘을 길러야 합니다. 세상을 마음껏 모험하면서 나만의 '정답'을 갈고닦아야 하고요. 혼자 모험하기 힘들다면 동료와 이 책이 여러분을 도울 것입니다.

둘도 없는 자신의 인생입니다. 스스로 생각하고, 결정하고, 행동하세요. 다른 사람의 의견을 그대로 받아들여서는 안 됩니다. 내 머리로 생각하고 모르겠으면 행동하면 됩니다.

실패해도 괜찮습니다. 아니, 100번 실패하길 바랍니다. 100번의 경험이 쌓였을 때는 '진정한 정답'이 눈앞에 나타날 테니까요.

'살아가는 힘'을 몸에 새기자

　스스로 정답을 찾아내는 힘, 이것이 세상을 '살아가는 힘'이라고 할 수 있습니다. 여러분은 앞으로 살면서 커다란 장벽을 만날 수도, 수많은 좌절을 겪을 수도 있습니다. 하지만 스스로 정답을 찾을 수 있다면 다시 일어날 수 있습니다. 그것이 인생을 살아가게 만드는 힘입니다. 이 힘을 가지고 있는 사람은 삶이 힘들다고 느껴지는 순간이 와도 스스로 극복할 수 있습니다.

　'살아가는 힘'은 원래 대부분의 사람이 갖고 있던 힘이었습니다. 하지만 코로나19가 발생하면서 인간관계 부족, 운동 부족, 대화 부족으로 많이들 잃어버린 것 같습니다. 우리는 이 힘을 되찾아야 합니다. 스스로 생각하고, 결정해서, 행동하는 힘을 몸에 새겨 살아남아야 하니까요.

　이 책을 통해 여러분이 획득한 7가지 무기를 갈고닦으면 '살아가는 힘'을 기를 수 있습니다. 무기들을 사용하는 과정에서 시행착오는 반드시 생깁니다. 하지만 그럴수록 힘은 점차 강화됩니다. 살면서 난관에 부딪혔을 때 손에 쥐어진 무기들을 하나씩 다시 살펴보세요. 막혀 있는 이유와 해결책이 보일 것입니다.

마치며

당신에게는 무한한 가능성이 있다!

30년 전만 해도 개인이 수많은 사람에게 메시지를 보내는 건 불가능했습니다. 하지만 지금은 SNS를 통하면 가능하지요. 챗 GPT를 활용하면 정보를 빠르고 쉽게 수집하고 정리해 사용할 수 있습니다. 혼자서 조사했다면 10시간이 걸렸을 작업을 몇 분 안에 끝낼 수 있죠. 구글 번역의 정확도는 점점 높아져 이제는 영어 사이트를 통째로 번역할 수도 있고, 내가 쓴 문장을 클릭 한 번으로 다른 언어로 변환할 수도 있습니다. 음성 입력 기능도 매우 편리해졌습니다. 저도 책을 집필할 때 대부분의 문장을 음성으로 입력하고 마지막에 미세한 부분을 수정하는 방식을 취하자 예전에는 3시간 걸린 집필 작업이 1시간으로 단축되었습니다.

지금은 이런 서비스들을 모두 무료로 사용할 수 있는 시대입니다. 저는 지금까지 100만 명 이상의 팔로워에게 정보를 전달하고 있는데요. 1998년에 처음 웹사이트를 만들고 26년에 걸쳐 겨우 도달한 수치입니다. 하지만 유튜브를 시작하고 몇 년 만에 100만 명의 구독자 수를 달성한 청년들도 많습니다. SNS, 인공지능, 테크놀로지의 진화로 성공에 도달하는 시간이 10분의 1 이하로 단축된 것이지요. 이게 기회가 아니면 대체 무엇일까요?

요즘 사람들은 인터넷과 SNS를 대부분 '보기만' 합니다. '인 풋'의 정보원으로만 이용하는 거죠. 이런 모습은 잡지나 텔레비 전으로 정보를 얻었던 예전과 다를 게 없습니다. 우리가 기억해 야 할 건 인터넷과 SNS는 '아웃풋' 도구라는 점입니다. 이 도구 들을 아웃풋에 활용하면 여러분의 능력을 10배에서 100배까지 끌어올릴 수 있습니다. 사회에서는 더 이상 기억력이 좋거나 암 기를 잘하는 사람처럼 타고난 머리나 좋은 성적을 가진 사람을 필요로 하지 않습니다.

앞으로의 세대에서는 독창적인 생각을 하는 힘과 무에서 유를 만드는 창조성을 가진 사람이 크게 활약할 것입니다. 매일 몇 시 간씩 스마트폰을 만지면서 정작 인터넷과 SNS가 가진 가능성과 진정한 가치를 깨닫지 못하는 사람들을 보면 매우 안타깝게 느 껴집니다. 반드시 기억하세요. 이 시대에 성공하는 열쇠는 '아웃 풋'이며 '정보 발신'입니다.

아직 10대인 여러분에게는 무한한 가능성이 있습니다. 소중한 시간을 '인풋'에만 사용할 건가요? 그럴수록 성공할 가능성은 제 로에 가까워집니다. 하루 스마트폰 사용 시간의 70%를 아웃풋 에 활용하면 가능성은 꽃을 피울 것입니다. 여러분은 인류 역사 가 시작된 이래 '성공할 수 있는 기회가 넘쳐나는 시대'에 태어

마치며

났다는 것을 잊지 마세요.

　지금까지 이 책을 읽어주셔서 감사합니다. 다시 한번 말하지만, 10대에게는 '살아가는 힘'과 '무한한 가능성'이 존재합니다. 삶이 힘들어지는 순간마다 이 책을 게임 공략집을 보듯이 '인생의 공략집'으로 활용한다면 책을 기획하고 집필한 보람이 느껴질 것 같습니다.

　이제 7가지 무기를 장착했으니, 모험을 시작해 볼까요? 인생이라는 모험은 분명 힘든 일도 있지만 스마트폰이나 게임보다 훨씬 즐겁고 보람찬 일입니다. 이 책을 읽는 동안 살아가는 힘을 얻을 만한 깨달음을 하나라도 챙겼다면, 어제보다 오늘을 살아갈 용기가 조금이라도 생겼다면 정신건강의학과 의사로서 그만한 행복은 없을 것입니다.

2024년 5월의 어느 날
정신건강의학과 의사 가바사와 시온

당신에게는 무한한 가능성이 있다!

학교에서는 가르치지 않는 7가지 무기

초판 1쇄 발행 2025년 6월 17일
초판 2쇄 발행 2025년 7월 9일

지은이 가바사와 시온
옮긴이 최수영
펴낸이 김선식

부사장 김은영
콘텐츠사업2본부장 박현미
책임편집 남슬기 **책임마케터** 권오권
콘텐츠사업7팀장 김민정 **콘텐츠사업7팀** 이한결, 남슬기
마케팅1팀 박태준, 권오권, 오서영, 문서희
미디어홍보본부장 정명찬 **브랜드홍보팀** 오수미, 서가을, 김은지, 이소영, 박장미, 박주현
채널홍보팀 김민정, 정세림, 고나연, 변승주, 홍수경 **영상홍보팀** 이수인, 염아라, 김혜원, 이지연
편집관리팀 조세현, 김호주, 백설희 **저작권팀** 성민경, 이슬, 윤제희
재무관리팀 하미선, 임혜정, 이슬기, 김주영, 오지수
인사총무팀 강미숙, 이정환, 김혜진, 황종원
제작관리팀 이소현, 김소영, 김진경, 이지우, 황인우
물류관리팀 김형기, 김선민, 주정훈, 양문현, 채원석, 박재연, 이준희, 이민운
외주스태프 표지 LUCKY BEAR 본문 정윤경

펴낸곳 다산북스 **출판등록** 2005년 12월 23일 제313-2005-00277호
주소 경기도 파주시 회동길 490 다산북스 파주사옥
전화 02-702-1724 **팩스** 02-703-2219 **이메일** dasanbooks@dasanbooks.com
홈페이지 www.dasanbooks.com **블로그** blog.naver.com/dasan_books
용지 스마일몬스터 **인쇄 및 제본** 한영문화사 **코팅 및 후가공** 평창피엔지

ISBN 979-11-306-6694-5 (43320)

다산북스(DASANBOOKS)는 책에 관한 독자 여러분의 아이디어와 원고를 기쁜 마음으로 기다리고 있습니다.
출간을 원하는 분은 다산북스 홈페이지 '원고 투고' 항목에 출간 기획서와 원고 샘플 등을 보내주세요.
머뭇거리지 말고 문을 두드리세요.